序

丙戌春节才过，收到了浙江省社会科学界联合会要我为《浙江人文大讲堂》写序的信，随后又收到《钱江晚报》“人文大讲堂”发表的每一讲精彩部分摘要报道的复印件。看罢，我被深深地感动了：被“人文大讲堂”举办者对普及人文社科知识的执着、创意所感动，被每位讲者的率真、睿智、博学所感动，被广大听者和读者积极的参与、热烈的反应所感动，甚至深以未能跻身于听众席为憾。我也高兴地了解到，“人文大讲堂”的影响已经超出讲堂，也超出杭州乃至浙江，颇有将要成为江南人文知识传播基地的态势。这的确是早春的南风吹来的好信息。虽然连日事多，但是为这样一个符合人民需求、在当前具有给许多地区起带头作用的讲演集写序，我当然是愿意的。

“人文大讲堂”的宗旨很明确：以人文精神的培育为核心，以提升国民人文社科素质为己任。举办者、讲者，本着这一宗旨全心全意地给广大人民奉献上视野广阔、内容深刻、语言生动的“大餐”，而听者、读者的热烈反应、坦诚提问、积极建言，又为讲堂增色不少。

我们太需要这样的普及工作了，太需要由政府或社会团体、民间组织搭起一个平台，给我们的学者创造一个与渴望获得人文营养的人们直接交流的机会了。

为什么这样说？

确如讲者们所说的，“在市场经济下，对金钱的追求似乎成了人们唯一的

（许嘉璐，全国人大常委会原副委员长，北京师范大学教授，著名语言学家）

目的，它淹没了人性中最美好的东西”（《钱江晚报》2005 年 4 月 25 日）；“钱是人生的一部分，没有钱不行，但是，人生绝对不是钱的一部分。如果我们自己成了钱的一部分，为钱而活，就很可悲”（《钱江晚报》2005 年 7 月 4 日）。那么，人性中最美好的东西是什么？人究竟应该为什么而活着？这是几千年来人类一直在苦苦思考、争论不休的老问题，到现在也还是见仁见智，在“人文大讲堂”上各位专家对这个问题所给出的答案其表述也并不完全一样。但是，几乎所有中外古今曾经努力对民族、对国家、对人类做出贡献的人，都用不同的语言、不同的表达方式，说出了一个共同的道理：追求物质是在追求平凡，追求精神是在追求崇高。人就是人，人要生存和延续当然需要物质，而人类要生存和发展就还需要合作、协力；在填不饱肚子的时候，物质就显得最为重要，而一旦温饱问题解决之后，人文的需求、精神的丰富就成为更为紧迫的需要。人文社会科学就是要探究人类从哪里来，将走到哪里去，也就是探寻人如何超越物质的层面，寻觅人类之区别于其他动物的、特有的“精神”。对于个人来说，没有了精神也就没有了真正的幸福；对于民族或人类而言，没有了共同的精神也就没有了认同感、凝聚力；没有了精神，个人与民族就将颓唐、迷茫、离散——灵魂的飘荡是个人和民族最大的灾难。

人文精神对于中华民族尤其重要。原因之一为我们不是靠宗教教义和信仰维系的民族，我们靠的是代代相传的伦理道德和对崇高精神的追求。人生自古谁无死，留取丹心照汗青；仁以为己任，死而后已；先天下之忧而忧，后天下之乐而乐……这些人人耳熟能详的老话，是中华民族儿女完善自身的终极目标。历代固然也不乏抱着“人不为己，天诛地灭”信条得意一时一世的人，但是中华民族的延绵不绝，愈难愈强，还不是靠了那些堪称民族脊梁的志士仁人奋斗拼搏乃至流血牺牲吗？

环顾四周，不能不承认，历经几千年，事实证明具有普世意义的中华民族精神，已经为许多人所不了解、不熟悉、不珍惜，不知多少迷茫的灵魂在虚无中飘荡，长此以往，个人与社会将失去永不枯竭的前进的动力，社会将因此而动荡不安。

中华民族传统文化酝酿形成于农耕时代，自然也有不少已经不适于今的内容和形式。怎样既通过社会生活自身，又经由学者的研究进行“时代的过滤”，又怎样把真正至今鲜活的东西传递到社会的每个角落，形成新时代的民族精神？回答这个问题，是一项极其紧迫、伟大，但又非常繁重、艰巨的任务。

毋庸讳言，现在不少学者渐渐地离开了火热的社会实践，离开了迫切需要人文关怀的人民群众。这不但加剧了文化的迷失，而且也严重地妨碍了学术自身的发展深化。“人文大讲堂”破土而出，也是应运而生，人们从这清新的南风里所嗅到的不仅是举办者、讲者和听者对人文精神的热情，还感到了学者走进群众之中，台上台下水乳交融的热烈场面和现代传媒与讲堂现场之间密切配合、共同打造品牌的有效探索。这是不是预示着我国社科人文理论研究与社会生活的密切结合，国民素质与社科研究水平随之将有更为扎实的大幅度提高呢？我们从这里已经看到了中华民族文化、精神建设高潮的潮头。

“人文大讲堂”已经迈出了坚实的第一步，已经在群众中扎下了根，现在举办者又把各位讲者的讲稿结集出版，影响一定会更进一步扩大。衷心希望“人文大讲堂”越办越好，听众越来越多，影响越来越大。至于“人文大讲堂”下一步该怎样走，我想，这不单是远在北京的我的悬想，更为杭州、浙江以至更远处的听者、读者所关心。听说举办者已经有了打算，这太好了，得其益者将不只是正在建设文化大省的浙江，而是整个国家和民族。

2006年2月24日

于日读一卷书屋

浙　江　人　文　大　讲　堂

庞中英

中国当代著名的国际政治学者之一；中国人民大学国际关系学院教授、博士生导师，重阳金融研究院高级研究员；中山大学国际关系学院首任院长兼国际问题研究院院长；钱江学者；浙江师范大学国际政治学特聘教授；国际金融论坛（IFF）学术委员。曾任美国布鲁金斯学会访问研究员、德国歌德（法兰克福）大学客座教授、埃及开罗大学政治经济学院访问学者、美国《国家利益》杂志特邀编辑等。

目前的主要研究方向为：全球问题与全球治理、亚洲和非洲研究、国际政治经济、外交政策分析。出版的代表性著作有：《权力与财富——全球化下的经济民族主义与国际关系》《中国学者看世界·全球治理卷》《全球化、社会变化与中国外交》《加强中国在全球治理中的作用》《中国的外交力量》等数十部。最近10年在国内外有领先影响力的报刊发表言论、文章数百篇。2002年获得澳大利亚—中国理事会“澳大利亚研究奖”。

G20，让杭州在短期内成为全球焦点

自从杭州成功获得2016年G20峰会举办权之后，每一位杭州人在每天的生活当中，都能感受到整座城市为了迎接它而进行的改变。

第357期浙江人文大讲堂，也是人文大讲堂2016年度首讲，我们请来了中国当代著名的国际政治学者、中国人民大学教授庞中英，围绕“G20峰会”，探讨中国的国际领导作用。

这一讲人文大讲堂由浙江外国语学院承办，坐在台下的听众们，大多都是G20的志愿者，学校想通过这样的讲座，让志愿者们从国际关系的角度，更多地了解G20，更好地服务G20。

G20只有20个国家吗？

G20，G就是集团的意思，英文group，20就是twenty，G20就是The group of the twenty，即由20个国家构成的集团。

但是20国这个“国”里头，就有学问了。

大家知道，联合国体系里一共有195个左右的成员国，世界上叫国家的一共也不超过200个。那么G20是不是由世界上规模、实力排在前 20 名的大、中国家组成的这么一个集团呢？我认为可以这么理解，即 G20 是由世界最主要的、领先的 20 个国家组成，包括中国、美国、俄罗斯、韩国、日本等等。

G20 之所以不能简单翻译成 20 国集团，问题在于欧洲，欧洲有 4 个国家是 G20 的成员国，分别是英国、法国、德国、意大利。还有一个席位，就是欧盟，欧盟也是 20 国集团的一个成员。但是大家知道欧盟不是一个国家，所以这个一定要注意，因为欧盟有 28 个成员国，可能今后会有 30 个国。

有哪些城市举办过 G20 峰会？

G20 首脑峰会从 2008 年开始到现在一共是过了 9 年时间，那么，世界上有哪些城市主办过 G20 峰会？

第一届是 2008 年在美国首都华盛顿，当时是美国总统小布什主持的。第二届是 2009 年 3 月份在英国首都伦敦开的。后来美国接着举行了第三届峰会，是在美国东北部的一个老工业城市匹兹堡。

为什么美国又办了一届？奥巴马当了总统以后，说第一次峰会是小布什开的，我当了总统我需要赶紧再开一届，当时是半年开一次，所以奥巴马在 2009 年的秋天又在匹兹堡开了一次。接下来，法国、墨西哥、加拿大，包括我们旁边的韩国，还有俄罗斯都办了这个峰会。

接下来是澳大利亚在布里斯班办了，2015 年是在土耳其，土耳其办完以后把这个峰会的主办权转到中国。

大家看到，无论是韩国的首都首尔，还是美国的首都华盛顿，英国的伦敦，都是世界级的城市，所以杭州办 G20，就意味着杭州已经跻身为全球性的城市了，杭州已经是一个 global city。短时间内，杭州将成为全球的一个焦点。

纵观国际经济合作的历史进程,2009 年的匹兹堡峰会具有重大的历史意义:这次峰会把 G20 确定为世界主要经济体的“国际经济合作的主要论坛”,初步确定了世界银行和国际货币基金组织两大金融机构的量化改革目标,启动“强劲、可持续、平衡增长框架”以及相互评估进程,并就 20 国集团领导人峰会机制化等问题达成重要共识。

2010 年首尔峰会就全球经济失衡的“参考性指南”达成原则共识。

2011 年戛纳峰会,除了讨论欧元区的债务危机和气候变化等议题外,通过了促进全球经济增长和就业行动计划。

2012 年洛斯卡沃斯峰会,G20 继续讨论“保增长、促就业”等问题;为确保国际货币基金组织拥有足够资源应对世界经济领域的风险,不少国家在会上宣布参与国际货币基金组织的增资计划。

2013 年圣彼得堡峰会,关注发达国家宽松货币政策的外溢效应,呼吁有关国家采取负责任的政策,调整货币政策时同各方加强沟通。

2014 年布里斯班峰会,除了老生常谈的问题外,“增长、就业”继续成为会议讨论的主题。

2015 年安塔利亚峰会,则延续了上次峰会所讨论的话题。

此次中国主办 G20 峰会,“增长”依然被确定为会议主题。

国际领导地位为什么重要?

举办 G20,是一件关乎国际领导地位的事情。为什么国际领导地位很重要? 因为这是国际权利之一。

如果一个国家在世界上没有领导地位,那这个国家的国际权利是有限的。中国在国际上有哪些领导地位? 人人都知道中国是联合国安理会的常任理事国,什么叫常任理事国? 就是长期,甚至是永远在联合国安理会拥有一个席位,这个席位拥有否决权。

大家知道现在国际上在讨论什么问题吗？在讨论中美如何联合领导，中欧如何联合领导，中国跟韩国、新加坡、东盟国家、印度怎么联合领导。

G20上怎么做协调？

协调是一个非常重要的词，你们都知道协调的英文是coordinate，但是实际上，在国际关系中的协调还不是这个词，而是含解决问题的意思，叫concert，也有“音乐会”的意思。

这个协调具体到这次G20上，就关系到浙江省、杭州市如何给大家提供很好的交通、安全等各种服务。而对于相关国家的领袖和有关部门来说，则是在这个会议上，能不能实现政策的协调，即金融政策、货币政策、财政政策、环境政策、劳工政策、反腐败政策、税收政策、外交政策等的协调。这20多个国家甚至30多个国家通过G20这一平台协调，协调好了，世界上很多问题就迎刃而解了，协调不好，就会出很多问题。

为什么G20如此重要？

杭州市政府欢迎参加国际会议的各国人士到来，如果我是秘书，我一定要在欢迎辞里写这句话：中国承办G20峰会，中国成为20国集团主席国，是一个重要的、历史性的、标志性的事件，它标志着中国和世界的关系，尤其是中国与世界秩序之间的关系，进入到了一个新的阶段。

人们经常问中国领导人：中国与国际秩序、现有的全球治理是什么关系？中国人是这么回答的：我们中国已经是这个世界的秩序的一部分。

举一个2016年2月份的例子，一年一度的慕尼黑安全会议，我国参加会议的有外交部前副部长、全国人大外事委员会主任委员傅莹。她就先提了这个问题：中国和世界的秩序是什么关系？她说我的回答很简单，一句话，中国是现有这个世界的一部分，我们是这个秩序的一部分。

既然是一部分，我们就不可能是去革命、推翻、颠覆这一部分。我们想要做的是完善这个现有的国际秩序，推进现有的全球治理。

世界要发展，要和平、稳定，中国就是一个基础。但是我觉得这个评价有点低，在我看来，中国是基础的基础。

G20 作为"国际经济合作的主要论坛"所面临的问题

G20 中的"新兴经济体"，如中国、俄罗斯、印度、巴西、土耳其等一直认为，G20 不应该是以传统的西方大国为主的 G7 主导全球经济治理的改革和重建。G7 是西方国家对世界的治理，因而不具备充分的全球合法性。然而，事实上，在世界事务中，G7 并未因为 G20 这样的宣布和努力而不存在。相反，G7 却因为 G20 的存在而得到了某种程度的强化。例如，2016 年，日本轮值举办 G7 正好与中国轮值举办 G20 同期。G7 在日本主导下，不顾 G20 中大多数成员的感受，再次强调 G7 的作用。显然，日本把其在 G7 中的重要性看得比在 G20 中的重要性大得多。

在金融危机的"危机管理"阶段，也就是 2008—2010 年，欧美为了调动"新兴经济体"在解决金融危机中的积极性，策略性地许诺 G20 是"国际经济合作的主要论坛"。然而，事实证明，欧美的这一许诺是口惠而实不至，因为欧美日事实上并没有放弃 G7，而且试图通过 G7 主导 G20。

G20 代表着一种对"（国际）权力转移"的集体管理。但是，当前的国际现实是，"权力转移"尚未完成，且距离"权力转移"完成还有相当的距离。G7缺少集体意愿和准备接受以G20为主要论坛的新的管理“权力转移”的制度安排。这对形成以G20为中心的全球治理体系非常不利。

因此，在肯定G20自2008年以来对全球治理所做出的重大贡献时，必须认识到G20这一国际经济合作论坛所存在的问题：

第一，G20在形式上是全新的，但在内容上却至少有一半是旧的。从某种程度上讲，G20是G7的延伸或者扩大。与G7一样，G20也是加拿大、欧洲国家发起的。这些国家在当前的国际权力体系中属于“中等强国”，即它们的国际权力地位不上不下，但在领土或者经济分量等许多方面，已经是世界大国。G20包括四个欧洲国家——德、英、法、意。不仅如此，由于欧盟已经作为一个新兴的国际行为体登上世界事务的舞台，制定和实行“共同外交与安全政策”，是G20的正式成员，因此G20的欧洲代表性有些过度。鉴于此，从某种程度上可以说，G20本质上是由欧洲国家所主导的。

然而，G20的成员国英国已经通过公投决定脱离欧盟，并将与欧盟建立新的关系。这一事件将影响欧盟的未来，也会对G20中的欧洲国家作用产生重大影响。

欧盟的成立是为了使欧洲不再发生欧洲国家之间的战争，以及由于这种欧洲战争所导致的世界大战，也即欧盟是为了世界和平而建立的。英国脱离欧盟并不意味着欧洲国家之间将重新选择战争，但一个因此而缩小的欧盟在全球事务，包括在G20中的作用将有所下降。

晚于国际货币基金组织和世界银行成立的欧盟，其框架也开始出现老化现象，新问题亦不断涌现，所以，英国等欧洲国家一直在推动“欧盟改革”。也就是说，仅仅追溯G20的欧洲成分和欧洲作用，就能理解G20这个全球治理框架存在的深层问题，这的确需要引起高度重视。

第二，作为大国之间的合作平台，G20的国际合法性从一开始就是一个比较突出的问题。世界上弱小的经济体及国家等在其中没有得到代表。尽管G20也邀请了一些非成员国参加，且地区组织如非盟、东盟等一般都参加每年的G20峰会，但这些改进G20全球合法性的努力仍是杯水车薪，G20本身存在全球治理的“民主赤字”。

中国、印度、巴西、南非等几个发展中大国在G20中发挥作用，有助于改善G20的国际合法性问题，但G20要想从根本上解决这个问题，还需要从制度设计和执行上囊括更多的没有被吸收进来的国家，从而使自身成为全球治理民主化的典范，而不是制造全球治理的“民主赤字”。

第三，G20的诞生是为了回应全球化危机，但这一任务几乎难以完成。全球化的危机之一是人的危机，即社会中下层人民的生活受到了全球化的冲击，甚至没有保障。在全球化最深入、精英从中受益最多的欧美，却出现了普通民众的强烈抵制和反对全球化的浪潮。G20显然扭转和解决不了这一全球化的悖论。全球化的主要动力当然是人，人可以推动全球化，也可以逆转全球化。G20在强调解决这一根本不平衡问题上尚未创造奇迹。从2008年到2016年，尽管G20不断强调着力应对全球化中的各种问题，但并未真正缓和底层民众的恐慌和减少他们的苦难，产生了各种各样的“逆转”全球化的大事件。

全球经济治理是社会从上到下和从下到上相互结合的过程。地方的、国家的相关机构要与全球的、地区的等宏大机构结合起来。也就是说，仅有欧盟、国际货币基金组织、G20、金融稳定委员会等宏大机构还不足以有效治理世界经济。

中国需如何推动G20转型和发展?

中国是G20的成员，一直在其中发挥着重大作用。2016年中国担任G20主席国是其发挥国际领导作用的又一重大机遇，这对全球经济治理转型的意义重大而深远。

第一，推动G20成为“国际经济合作的主要论坛”，即全球经济治理的“指导委员会”。为达到这一全球治理的远大目标，中国要提高国际领导能力和发挥国际领导作用，不仅要提供物质性的全球公共产品（如基础设施投资上的“一带一路”倡议和亚洲基础设施投资银行），而且更重要的是要提供观念性的全球公共产品（如全球机构的改革方案、下一代全球治理的制度和规范等）。

第二，提高全球经济治理的有效性。杭州峰会召开前，G20第三次协调人会议要求G20推动“更高效的全球经济金融治理”。中国已经把“高效有序的全球治理”作为对外政策的一个目标。全球治理的有效性取决于许多因素，尤其是其代表性。

第三，促进已有全球治理机构的现代化。中国是全球治理机构的改革者。改革就是现代化，现代化就是改革。国际货币基金组织等国际金融机构在全球经济治理中的作用非常关键。然而，这些机构诞生在70多年前，尽管已经做了许多适应性调整，但仍然不能很好地“反映”当今世界的现代化进程。2009年G20匹兹堡峰会声明规定“将全球机构现代化以反映当今的全球经济”。这包括将国际金融机构和全球发展架构进行“现代化”。中国要通过G20这一平台，要求国际货币基金组织和世界银行等尽快落实G20已经通过且获得全部G20成员国政府（行政和立法）批准的改革方案，并制定和通过国际金融机构进一步改革的方案。

第四，在微观层次推动全球治理。G20成立时的宗旨之一，就是管控全球化产生的社会退步和不平等的扩大，让全球化更多地惠及普通人。在这方面，中国能做许多事情，一是在国内层次上实现社会正义，二是让G20更加强调全球社会治理。

第五，把G20打造成“21世纪的大国协调”机制。G20进行的大国协调，不应仅是各国财政和金融等宏观经济政策的协调，而且应包括各国的全球安全政策之间的协调，以使 G20 与联合国安理会形成分工，在全球安全治理中发挥中心作用。

整　理　张　苗
摄　影　尹炳炎
时　间　2016 年 3 月 31 日
地　点　浙江外国语学院

浙 江 人 文 大 讲 堂

王国平

曾任中共浙江省委常委、中共杭州市委书记、杭州市人大常委会主任。现任浙江省人民政府咨询委员会副主任，杭州城市学研究理事会理事长，杭州城市学研究会会长，浙江大学兼职教授，中央美术学院客座教授，中国浦东干部学院兼职教授。先后获得“创建国家环境保护模范城市”领导奖、中国医药卫生界年度十大人物、第七届中国城市十大风云首脑、世界休闲事业“杰出贡献奖”、中国休闲终身成就奖、2011 低碳时代年度人物、中国文化遗产保护年度杰出人物等荣誉。著有《城市论——以杭州为例》(上中下三卷)、《城市怎么办》(1—12 卷)、《城市学总论》(上中下三卷)等。主持国家社会科学基金项目、国家自然科学基金项目、中国国际经济交流基金项目近 10 个。承担全国各大城市发展规划咨询课题数十项。在《红旗文稿》《经济研究参考》《现代城市》《政策瞭望》等刊物上发表论文 40 余篇。

打造2.0版新型城市化 杭州要坚持“保老城、建新城”

“城市兴则天下兴，城市稳则天下稳，城市安则天下安。”在经历了几千年的发展后，中国城市正迎来前所未有的历史性机遇，城市化已成为促进中国社会进步和经济增长的强大引擎和核心动力。

2015年12月，中央城市工作会议在北京召开。这是继1978年全国城市工作会议后，中央召开的最高规格的城市工作会议。

习总书记在会上发表讲话，分析了城市发展面临的形势，明确做好城市工作的指导思想、总体思路、重点任务。会议强调，要以落实“五大理念”和“五大统筹”为主题，推动新型城市化。

本期浙江人文大讲堂邀请到曾任中共浙江省委常委、中共杭州市委书记，现任浙江省人民政府咨询委员会副主任、杭州国际城市学研究中心顾问王国平，他从自身的工作经验出发，在浙江中医药大学发表了题为“中国城市化面临的挑战与对策”的演讲，畅谈了他对城市化的一些认识。

城市化是利大于弊的双刃剑，关键要趋利避害、扬长避短

所谓“新型城市化”，从人口学角度看，就是农村人口向城市集中、农民变市民、城市人口适度增长的过程；从地理学角度看，就是城市向周边地区扩散、农村变城市、城市规模适度扩张的过程；从社会学角度看，就是城市文明向农村地区传播，城市生活方式、组织方式、管理方式取代农村生活方式、组织方式、管理方式的过程；从经济学角度看，就是生产要素向城市集聚、城市生产方式取代农村生产方式的过程。

可见，城市化不仅是一个人口集聚、财富集聚、技术集聚、服务集聚的过程，同时也是一个生活方式、生产方式、管理方式、国民意识转变的过程。

现代化从某种意义上讲就是城市化，这是颠扑不破的真理，已经为西方发达国家200年甚至300年的发展历史所证明。

正如诺贝尔经济学奖获得者、美国经济学家斯蒂格利茨所说：“中国的城市化和以美国为首的新技术革命是影响21世纪人类进程的两大关键性因素。”

对新型城市化建设，部分专家、老百姓有一些顾虑，我认为这是非常正常的。

部分专家、老百姓担心，推行新型城市化会不会影响对18亿耕地红线的保护？会不会影响中国粮食的安全？会不会赶农民进城，赶农民上楼？会不会在城市搞大拆大建，进而出现“空城”“死城”？会不会进一步加剧像交通拥堵、城市污染这样的“城市病”？会不会加剧城市日益凸显的“上学难”、“看病难”、高房价等突出的矛盾和问题？

城市化确实是双刃剑，但是城市化一定是利大于弊的双刃剑，关键要

做到趋利避害、扬长避短，打造 2.0 版新型城市化。

推进新型城市化，大家要问“新”在何处？“三化四型”就是我们的回答，也是杭州城研中心在国家级课题中的一个回答。即必须坚持以城市网络化、智能化、个性化为要求，以城市有机更新为路径，以破解中国“城市病”挑战为重点，推进中国城市化从经济型城市化转向生态型城市化、从土地型城市化转向人口型城市化、从数量型城市化转向质量型城市化、从粗放型城市化转向效益型城市化，使中国特色的新型城市化真正成为中国经济社会发展的主要引擎。

坚持“保老城、建新城”，推进城市个性化发展

当前，“拆老城、建新城”的城市化模式，正在吞噬着富有地域特色的城市文化。摧毁老街、老宅、老树等历史遗产，造成传统风貌的破坏，历史文脉的割裂，邻里社区的解体，城市记忆的消失，使城市成为水泥丛林，从而抹杀了城市个性，甚至使城市出现了“欧美化”“同质化”“千城一面”的现象。

城研中心顾问、上海市的老市长徐匡迪曾在一次讲课中展示了四张照片。他问在座的同志能否说出这是哪四座城市？没有人说得出来，为什么？太相近了。

一座城市的核心竞争力产生于，也只能产生于其固有的特色，也就是区别于其他城市的差异性、独特性，甚至是唯一性，而这只能来自于历史文化遗产。

新型城市化发展过程中保持城市个性的关键就是保护好历史文化遗产，保护好城市的“根”和“魂”。其关键的关键是要摒弃“拆老城、建新城”的模式，确立“保老城、建新城”的模式。这也是杭州迈入新世纪以来最成功的经验之一。

我们发现“拆老城、建新城”这套路子是两败俱伤:城市发展不了,因为它提供不了足够的空间;老城也毁于一旦,城市的个性、特色消失殆尽。

所以杭州提出要“保老城、建新城”,从“西湖时代”迈向“钱塘江时代”。钱江新城、奥体博览城以及滨江区的崛起,滨江高教园区的建设等,都是呼应、参与了这一时代的到来。

从“西湖时代”迈向“钱塘江时代”绝对不是摒弃西湖。杭州保护的重点放在西湖,而建设的重点不能放在西湖,只能放在钱塘江的两岸,实现沿江、跨江发展。

坚持“保老城、建新城”,就要按照“两疏散、三集中”的方针,把保护的重点放在老城区,把建设的重点放在新城区,疏散老城区的人口和建筑,推动工业向工业园区集中、高校向大学城集中、建设向新城区集中,进而实现保护与建设“双赢”。

现在,“保老城、建新城”这样的理念已经被媒体、广大市民所认同、接受了。从某种意义上讲,“保老城、建新城”这种模式的确立,第一功臣不是城市管理者,也不是专家学者,而是我们广大的市民。

杭州即将承办 G20 峰会,习总书记在土耳其安塔利亚介绍杭州的时候用了两句话,他首先强调杭州是“历史文化名城”,第二句话才是“创新活力之城”。

城市是大学的历史见证者,也是大学发展的最大受益者

当今世界,国与国、城市与城市间的竞争,归根到底是人才的竞争、教育的竞争。人才是强市之本,教育是立市之基。

纵观世界城市发展史与世界大学发展史,我们不难发现,在 7000 多年的世界城市发展史中,1000 多年的大学发展史也许仅仅是其中的一

页，但却有力地推动了城市繁荣与发展；而城市是大学兴起、演变、发展的历史见证者，也是大学发展的最大受益者。

大凡一座世界名城，必然拥有一所乃至几所世界名校；一所世界名校，必然依托于一座世界名城。大学教育、科研水平的高低，已成为衡量一个城市文明进程的重要标准，是推动城市发展的人才库、创新源、智囊团和金名片。

杭州是“四无城市”，没有地矿资源，没有港口资源，没有项目资源，也没有政策资源。杭州不是计划单列市，除了 2015 年获批设跨境电商试验区和国家自主创新示范区，几乎没有享受到中央特殊政策。但是杭州也有三大优势，第一是环境，第二是文化，第三是人才。

人才资源是杭州的第一资源，教育优先发展战略是杭州的第一战略。教育不仅关系着整个国家、整个民族的兴衰，也关系着杭州的兴衰。“杭州最大的优势是教育，杭州最大的品牌是教育，杭州最大的后劲是教育，杭州最大的希望是教育”，这是从杭州市情出发得出的结论。

杭州教育综合实力已位居全国前列，但也须清醒地认识到还存在两大“短板”：学前教育和高等教育。

第一大短板是学前教育。迈入新世纪以来，市委、市政府高度重视学前教育，全面推进学前教育发展的有章办事、有钱办事、有人办事、有房办事的“四有”问题。制定出台了学前教育“1+4”文件，率先打造 15 年一贯制、一条龙优质教育体系。通过一系列举措，有效地补上了杭州学前教育这块短板。

第二大短板是高等教育。杭州高等教育发展相对滞后。目前，南京市有 8 所“211”大学，西安市有 7 所“211”大学，武汉市有 7 所“211”大学，而浙江省和杭州市只有 1 所“211”大学。

浙江省的经济总量虽低于江苏省，但远高于陕西省、湖北省，但杭州的高等教育与南京、西安、武汉差距很大。这种现象与浙江省、杭州市的经济社会发展水平极不相称。

因此，必须继续坚定不移地坚持教育优先发展战略，要以大学“创一流”为突破口，进一步做大做强杭州高等教育，为推动杭州“创新、协调、绿色、开放、共享”发展，共建共享“历史文化名城、创新活力之城、东方品质之城”提供强大的人才、知识和科技支撑。

整　理　张冰清
摄　影　尹炳炎
时　间　2016年4月6日
地　点　浙江中医药大学

浙江人文大讲堂

乔晓光

中央美术学院人文学院文化遗产学系副主任，非物质文化遗产研究中心主任，教授、硕士生导师。原中国民间剪纸研究会会长。20 年来长期考察黄河流域、长江流域民族民间艺术，关注民族民俗文化和民间社区文化传承现状。2002 年 5 月在中央美术学院创建国内首家非物质文化遗产研究中心，2003 年 1 月联合北京高校创立国内首个“青年文化遗产日”。

三十年追寻民间剪花娘子，讲一个中国与世界的故事

美国芝加哥奥黑尔国际机场是全世界最繁忙的机场之一。机场1号航站楼B19号门对面，一件以中国传统剪纸形式制作的艺术作品，覆盖了15个窗口。

芝加哥的海军码头、威利斯大楼；北京的故宫、央视总部大楼……这组名为“城市风景”的大型剪纸装置作品，描绘的是芝加哥和北京两地古今地标建筑。

它的作者，是一位来自中国的艺术家——乔晓光。

乔晓光，北京中央美术学院非物质文化遗产研究中心主任，他20世纪80年代初开始接触剪纸，花了30年时间，沿着黄河、长江，考察剪纸艺术的传承。社会转型，乡村在衰落，传统在消失，民间艺术如何传承，是时代交给我们的课题。

无视自己的文化传统，是21世纪最大的冷漠

中央美院与民间剪纸的渊源，可以追溯到延安鲁艺时期。

1942年，延安鲁艺很多年轻的艺术家响应毛泽东“走出‘小鲁艺’，到

火热社会生活的'大鲁艺'去"的号召，到民间去采风，向民间艺术学习。

到民间以后，他们首先发现了剪纸，诗人艾青、木刻家古元等都曾经到陕北乡村收集过剪纸。古元用木刻的方式学剪纸，刻成新窗花贴到农民的窗户上，他刻的是老百姓自己的生活：纺线、养殖、种庄稼。这些都是传统窗花没有的内容，老百姓看了也很高兴。

当时，青年版画艺术家江丰还提出，把民间剪纸、民间木版画作为一门民间美术课程放到大学里。1980年，他出任中央美院院长，成立了年画、连环画系，也就是后来的民间美术系——把农民所传承的民间美术，放到大学里，这是非常了不起的一件事。

从延安鲁艺时期提出"新剪纸"开始，到我的导师靳之林追随鲁艺的传统到延安落户，去从事民间美术研究，再到我这一代，七十年，三代人，围绕着民间剪纸延绵不断，中国乃至世界的大学中，这样的事情也是独特而值得珍惜的个案。

我们这代人面临的是一个特殊的时代：农耕文明的转型期。

改革开放30年，中国进入现代化的高峰期，古村落在衰退，乡村的文化也开始消失，以往作为我们生活一部分的、自发性的习俗和传统开始变成遗产——你不去保护，不去关注，不去抢救，它就可能慢慢消失。

中国人讲二十四孝，从文化传承的意义上来讲，关注和继承祖先创造的文化传统是最大的文化之"孝"。如果我们不认同、不参与、对文化的消失漠不关心，文化就将从我们这一代人开始断裂，这将是我们的过错和失职。

中央美院在2002年成立非物质文化遗产研究中心，不仅在北京，也在全国各高校推广民间文化的保护，希望能有更多年轻人参与到文化的保护、发掘、记录和抢救的工作中去。

剪花娘子的启示

1989年，我到陕北去拜访库淑兰老人，她是最有名的剪花娘子。

陕北高原上能剪能绣的婆婆、媳妇、姑娘们村村都有，但延绵千里的黄土世界里，库淑兰住处这样的剪纸殿堂只有一个。

我第一次踏进她的窑洞时，就被满窑的彩色剪纸震撼了：窑里满墙的剪纸，艳丽的牡丹枝上长出了大灯泡，灯泡里又生出了花儿的心。花丛里盘腿而坐的是剪花娘子。

她说："这就是哦（我）！"她孩子般天真激动地为我们唱起自编的剪纸歌谣："剪花娘子把言传……"你能感受到那种生命的顽强，感受到她内心的阳光。

但其实，她过得很苦。

她住在黄土坡的一个土窑洞里，没有电，窑洞低洼昏暗；桌上一碗凉水，一个凉馍，连咸菜都没有，这就是早饭；她和男人一样干活——下地背谷草、扛麻包，回家操持家务，男人干的她都一样去干。

她生了十三个娃，灾荒、疾病夺走了十个，剩下三个，一女两男，女儿远嫁了，很少回家，男娃娃们成家后，即便距离很近也很少回来；她的老汉也对她不好，但村边的破窑里库淑兰仍是守着她那个倔强的男人，这就是她几十年生活的全部。

60 多岁还去挖草药，有回掉到山沟里昏迷了，昏迷了 40 天睁开眼睛摸剪刀，要剪纸。剪纸得了国家的金奖，卖了剪纸钱给了孩子，她也舍不得消费，苦了一辈子、坎坷了一辈子，照样下地、照样挖野菜。

但生活的磨难与痛苦并没抹去库淑兰身上的人性光彩，她天生一副菩萨心肠，乐于助人、心地善良。她用一把生锈的大剪刀，将五颜六色的彩纸，剪剪贴贴，创造了一个属于她心灵的美好世界。

库淑兰的剪纸殿堂，已不是民间传统剪纸在民俗意义上的重复，那是她心灵的再造和富有神性的想象，库淑兰用传统创造了一个奇迹。

库淑兰的一生就是几千年中国乡村劳动妇女的人生缩影，她的人生故事和灿烂辉煌的彩色剪纸创造不但体现了黄河文化深厚独特的生命根性，也使我们切身感动地认知到民间艺术母亲之河的人性魅力。

其实，我们接触的很多剪花娘子，苦难和坎坷是她们共通的经历，但她们拿起剪刀，讲述的都是吉祥喜庆的东西。

剪纸作为艺术为什么只表现吉祥不表现苦难？

在中国有两个工具：一个是男人的毛笔，另一个是女人的剪刀。掌握了文字，就掌握了话语权，毛笔作为书写工具，代表着一种以男权为主导的传统；在这个传统里，女性处于社会底层，她们用剪刀为自己代言。

一把剪刀，能做衣服，能绣花，能剪纸，在传统乡村生活中，剪刀还可以接生。新媳妇第一年过门，街坊邻居就看你家窗户上的窗花，手艺就是心灵手巧的证据，女人没有"女红"手艺就没有尊严。

剪纸好的女性，干什么都好，带孩子强，做衣服好，刺绣好，农活儿好……到了陕北就知道，饱经风霜的老奶奶一辈子默默无闻，拿起剪刀个个都是艺术高手。

即使有战乱、饥荒、疾病，生活仍然要继续，苦难造就她们对美好的、童话般的生活的向往。剪纸，50 岁比 40 岁剪得好，60 岁比 50 岁剪得好，80 岁比 70 岁剪得好？经历了无数生活的历练，生老病死，最后回到本性，所以剪得最好，剪纸，就是她们的生与死。

对她们来说，艺术这个词，陌生且没有意义；民间艺术不是为了艺术，它是为了生存、为了族群，为了繁衍，为了生活得更好，是一种自我祝福。生存需要吉祥和美好。

民间吉祥艺术是从苦难中生长出来的艺术——生活中缺什么，就希望什么，它并不表现苦难。

15 年抢救性调查，让剪纸传下去

剪纸在全世界是普遍的一个习俗，很多国家都有，传统的、现代的，但是中国是全世界唯一一个拥有教科文世界“非遗”名录中剪纸类型的国家，中国是世界剪纸的原乡。

漫长的农耕时代造成了无数代乡村劳动妇女中的剪花群体，以及由这个为数众多的群体传承下来的丰富多彩的剪纸艺术传统。

剪纸，陕北人称“铰花”“剜花”，把铰剪纸出色的乡村妇女叫“花匠”，把从上辈人那学来的老花样叫“古时花”；贵州黔东南的苗族，也把剪纸称作“剪花”或“苗花纸”；福建沿海漳浦的百岁剪纸老人林桃被当地人称为“花姆”。

2001 年联合国教科文组织公布了第一批十九项人类口头和非物质文化遗产代表作项目名录，中国昆曲入选。这一年，我接任了中国民间剪纸研究会第三任会长，也开始做中国剪纸申报非物质文化遗产的工作。

中国到底有多少民族有剪纸？2001 年，我们开始做田野调查，动用了毕业生、在校生，调查了 15 年，发现 33 个少数民族有剪纸，加上汉族 34 个，涵盖了 60％的国土面积。

我从没想过，一个剪纸调查要做那么长时间，做了 15 年，还没做完，还剩新疆没做完。最早，跟我一起做田野调查的人，是 1968 年、1969 年出生的，接着是 1974 年出生的，现在是 1992、1993 年出生的研究生，估计做到新疆时就是 2010 年出生的孩子陪我去了。

尽管我们从 15 年前就开始做抢救性的调研，但抢救的速度还是跟不上消失的速度，很多年迈的妇女悄悄地来，悄悄地去，许多天才的乡村妇女传人没有来得及被抢救。

2003 年，我们在陕北拍申遗宣传片，不断有剪花娘子去世。有人拿剪纸来，拿过来样子一看，特别好，去找奶奶，人家告诉你，奶奶去世了；那个特别好，在哪儿呢？去世了。

一个叫潘常望的奶奶，唱民歌、讲故事、剪纸都特别好。我们对奶奶说，等申遗成功了把她请到北京去表演，奶奶可愿意去了。5 天后，奶奶哮喘发作去世。

我在山里拍片子，听到这个消息，站在山沟里情不自禁掉眼泪：做了半天，一个奶奶都没拍完就去世了，还能做什么呢？着急！无力！但又想，着急有什么用呢？剩下的赶紧做吧。

她们遭受的苦难，是几千年封建社会造成的，不是简单一个获得世界遗产奖就能改变的。她们被请进艺术讲堂，表演结束之后，仍然回到矮矮的窑洞，独自面对生老病死。我们能做的，就是把她们的故事搜集出来，把故事讲给世界听，让大家来关注。

"活态文化"才能代代相传

2009年9月22日，中国剪纸成功入选世界非物质文化遗产名录。申遗成功了，但如何让传统传承下去，还有很多工作要做。

剪纸作为一种民俗生活的文化表现形式，和人类的生活有着广泛密切的联系。

世界上许多民族都曾有过民俗剪纸传统，在美洲、欧洲以及亚洲的一些国家，我们都能找到有关民俗剪纸的记载；今天的墨西哥、北欧的芬兰、挪威以及日本，在其传统的节日和日常生活中还能看到剪纸的遗存。

当世界进入工业化时代，分门别类、五花八门的艺术开始在主流社会确立起自己的形式语言体系，剪纸被遗弃、消失在工业化时代新生活方式的背后。

世界许多国家，剪纸已渐渐消逝。中国作为古老的农耕民族，剪纸的传统从古代一直传承延续到了今天，这应当是人类古老艺术史上的一个奇迹，也是中华文明持久性因素中一个最具说服力的活态文化类型。

活态文化是我们的母亲河，这条河从源头奔流至今，一直没有中断，没有干涸，不因为别的，就是因为中国文化是活生生的、具体的。

传统是一条流动的河，民间文化就是这条河依托的古老河床；民间文化是非文字的，是一代代口头传承的，非物质文化遗产的传统。非物质文化遗产，是一个活的东西，它离不开人，离不开生活，也离不开我们未来的社会需求，社会需求没有了，遗产也就死亡了。

北京有个做私人博物馆的人，他到云南、贵州搜集了很多少数民族的衣裳，最后办成了博物馆。可是等到他后来再去云南、贵州时却发现，那些地方旅游化了，当地人穿的衣服都是粗制滥造，最好的收藏反而流落到海外。

他说了一句话，我一辈子记得："我抱着文化的孩子，死在自己的怀里。"

民间活态文化中的"活"字很重要，意味着活的文化和活的人。传统离开了生活，收藏它的人又不知道其中的内涵，传统就死了。

黄河流域乡村的春节，是从铰剪纸，贴窗花，剪纸门神、灶神开始的。剪纸不仅是打扮居住空间的手段，更重要的是春节开始的象征。

人们把窑洞打扫干净，在窗格子上贴上各种纹样的剪纸，象征着新的一年开始，象征着避邪求吉。春节的陕北乡村，家家窑里窑外贴上大红的剪纸，村庄成了一个鲜活的剪纸艺术展示空间。

在中国南方汉族，我们同样能看到剪纸。剪纸是服饰、帽饰、鞋饰、兜肚、小孩背袋等布制衣物刺绣的底样，也是巫俗祛病、招魂、避邪的象征。剪纸成为乡村妇女人人都会的叙事手段和生存本领，剪纸成为一种生活中常识的艺术。

中国文化，不仅是儒道佛思想浸润的文化，也是民间约定俗成的、围绕人类生存和繁衍发展而来的文化。我们可以从历代文人的墨迹中读到中国传统文化的精神，同样，在民间剪纸、民间祭祀、民间建筑遗迹、民间活态习俗中，也可以读到中国文化的本原。多民族的村庄就是一条文化的河。

剪纸，也是一种当代艺术

接触剪纸的过程，也深刻影响、教育了我自己。

我上大学是 1978 年，学的是中国画。当时老师要求我们画大量素描，我问老师："能不能不画素描，只学中国画？"老师说不行。那能不能用中国文化自己的方式表达呢？

用什么方法呢？我也不知道。

大学毕业以后，我开始接触民间艺术，接触剪纸，此后 30 年一直在用剪纸进行创作。2004 年秋天，挪威易卜生剧院来找我，跟我要一些剪纸材料，打算用中国传统剪纸元素做舞台背景。

2006 年是易卜生逝世 100 周年，易卜生剧院希望那一年冬天在中国首演易卜生现代舞戏剧《寻找娜拉》，然后进行世界巡回演出。

我接下这个活，经过一年酝酿完成了 27 幅剪纸创作，2006 年《寻找娜拉》公演，一举成功。

此后，国外许多文化机构源源不断地找我来做剪纸，后来又做了芬兰史诗《卡莱瓦拉》的剪纸；做了美国的文学作品《大白鲸》剪纸；为阿彭策尔州加入瑞士联邦 500 周年创作了表现历史主题的大型史诗剪纸；和挪威艺术家合作，以"龙"为主题，创作了"中国龙"题材的剪纸，在中国和挪威进行了巡回展出……用剪纸讲了中国的故事，也讲了世界的故事，我觉得我当年的梦想悄悄实现了。

整　理　丁颖鹏
摄　影　尹炳炎
时　间　2016 年 5 月 8 日
地　点　浙江科技学院图书信息中心西一楼报告厅

浙　江　人　文　大　讲　堂

李昌钰

著名国际刑侦专家、美国康涅狄格州警政厅终生荣誉厅长、美国纽海文大学终身教授、浙江工商大学诉讼法学专业原研究生导师。李昌钰博士是美国第一位出任州级警界最高职位的华裔首长，他以精湛独到的刑事侦查与鉴识技术享誉国际，他侦办过的许多刑案都成为国际法庭科学界与警界的教学范例。李昌钰博士迄今获得了800多项荣誉，包括美国鉴识科学学会颁发的鉴识科学领域的最高荣誉奖——刑事领域杰出服务奖、美国法庭科学学会颁发的杰出成就奖、国际鉴识学会终身荣誉奖、世界杰出华人奖等，被新闻媒体冠上"当代福尔摩斯""物证鉴识大师""科学神探"与"犯罪克星"等封号。

逻辑，成功破案的一大秘诀

在中国，华人神探李昌钰博士到过次数最多的城市，就是杭州。1985年，李昌钰第一次来杭州，吃了油焖笋和桂花糖藕，那口鲜香和甜蜜，让他念念不忘。

30多年间，李昌钰已经来过杭州十几次。像今年这样，来的时候错过了春天，他就很遗憾："啊呀，笋吃不到了。"不过还好，藕还有的吃。

李昌钰从警56年，到过46个国家，协助侦查了8000多件重要案件。不过这位78岁的神探说，自己10年前就已经"金盆洗手，退出江湖"。

可是，破案这件事情，跟藕丝一样，对老先生来讲，是断不了的。他现在最大的乐趣，是到各地讲学，并在美国主持着一个鉴识科学研究中心，培养来自世界各地的警务人员。

2016年5月，李昌钰第九次来到浙江工商大学，这次他教给大家的破案秘诀是"现场勘查与逻辑"。

从警至今，我调查过战争，也调查过恐怖分子袭击；看过陈水扁的肚皮，也研究过莱温斯基的裙子；调查过富人的案件，也调查过生活在最底层的穷人的案件；调查过警察杀人案件，也处理过很多的群众事件。

我总结出成功的四点秘诀：人际相处的技巧，交流传达的技巧，时间管理的技巧和逻辑管理的技巧。

我今天想重点讲讲"现场勘查与逻辑"。现场勘察中要学会观察，收集物证，这离不开逻辑。逻辑是一门基本的学科，也是做人做事的基本道理。

逻辑分为演绎逻辑、归纳逻辑和逆推逻辑。

比如，外面下雨了，所以草地会湿，这是我们根据日常观察经验得出的结论或者原则，叫归纳逻辑；每次下雨草地都会湿，这是根据"下雨草地会湿"的规则，推出的结果，叫作演绎逻辑；外面下雨草地会湿，那草地湿了也许是下雨，也许不是，这种从结果中找规则，再导出结果的逻辑，叫作逆推逻辑（溯因逻辑）。侦探、刑警通常用最后一种逻辑方式。

调查案件主要靠现场、人证、物证、数据库、社会信息跟情报，把这六个因素加起来，再运用你的逻辑就会破案。

用逻辑怎么破案？通过对大量现场信息的采集与分析，找出蛛丝马迹；将知识和经验结合起来，揪出犯罪人的动向，得出符合案情的判断，这就是破案的逻辑。

我跟大家分享几个我参与调查的案例。

案例一：华南虎事件

2007年，我在讲学的时候，有媒体要我看"华南虎照片"，问我能不能看看是真老虎还是假老虎。

我一开始拒绝了。我自己虽然属虎，但对老虎可没有研究。不过他们很执着，我后来到了泰国他们跟到泰国，我到美国他们也跟到美国，结果英文报纸上也在报道这个事情，我最后同意看看照片。

看到照片，我的第一反应是：农民用的相机比国外还高级，摄影水平也很不错。

后来我取了两张照片进行对比分析，发现：两张照片拍摄时间间隔了五分钟，但老虎的眼睛、舌头都没有动，只有树叶子在动。老虎在树林里呆住了五分钟不动，树叶子却动了，这当然违反了逻辑。

我又专门到动物园去拜访老虎，跟老虎"交流"。

我发现老虎身上的斑纹是遗传的，每只都不一样，就像人的指纹。俗话说人多力量大，网友们很厉害，有人从日历的年画上，扒出一张华南虎的照片发给我。我一看，周正龙的虎照与年画上的老虎一模一样——都是两条粗纹、两条细纹、一个圈纹、勾纹……仿佛一对双生胎！

根据这个逻辑比对，我发现两者斑纹有16处相同，因此判定周正龙的老虎是纸老虎，虎照真伪立现。

后来，陕西公安厅刑侦人员在周正龙家里果然找到了纸老虎，纸老虎并非用高科技合成，而是用最低级的伎俩：他把照片剪下来插在树林里。于是乎，他拍的照片里，树叶都在动，老虎还是那个纸老虎。

案例二：富翁女儿被绑案

第二个案件，是美国一个千万富翁的女儿半夜被人从家里绑架了。案子动员了联邦调查局和各地的探员去协助寻找，一年之后仍然毫无下落，活不见人死不见尸。

这个女孩的爸妈去找我的妈妈（编者注：因为李博士工作太忙，实在排不出时间，无奈会拒绝一些案子。很多家属就去找他母亲，老奶奶心地仁慈，常常往神探的日程中"加塞"几个她接来的案件），想抓住最后一丝希望。我最后决定协助调查。

他们住在山顶一个很大的房子里，从山下到山顶有45分钟的车程，弯弯曲曲的道路上没有路灯。

这些事实及逻辑推理让我们知道，这起绑架并不是临时起意，而是已经锁定目标的。嫌犯知道她家，而且知道她的房间，能够半夜准确地到她房间绑架，说明嫌犯对这里十分熟悉。

到了女孩家里之后，我用逻辑排除法来观察分析，嫌犯是怎么进去他们家的。可能的通道有：烟囱、天窗、窗户、大门。

烟囱上装有两个铁棍，人是爬不进去的。从天窗爬下去，里面是个室内游泳池，这太危险了，也不太可能。就这样一一排除过滤后，我们发现了她家后院有条羊肠小道，但是有许多陡峭的大石块。旁边是个冷气机，那后面厨房窗户的纱窗被割了，这说明那可能是嫌犯进入的地方，但逻辑上不绝对是，也可能是伪装现场。

鉴识人员鉴定后发现，纱窗是从里面切出去的。并且他们认为在外面的石头上的椅子，人是站不稳的，所以觉得这个可能是犯人故意做的伪装现场（警方猜测是她爸爸或者叔叔杀掉了女孩子），他们排除了这是嫌犯进入作案现场的通道。

我看了下纱窗，纱窗是用利刃切成的 U 型。纱窗检验要靠经验，要在高倍显微镜下看最小的尖端。我仔细观察后做出判断：纱窗是从外面切进去的，而不是从里面。

一个纱窗可以给侦探很多信息：用什么开了窗户，开了多大，我们就可以用逻辑推测这个人大概多高，多胖。

当时我先站上石头上的椅子，我身高 5.8 英尺（大约 172 厘米），举手仍够不到切的地方，这是一个重要线索。警队总队长第二个站上去，他 6.2 英尺（大约 187 厘米）的身材，超过割纱窗的位置。

这么一对比，我就知道，嫌犯比自己高，比总队长矮。而这个窗户是从里面往外面开的，最大能开 11 英寸（大约 30 厘米），身材稍胖的根本爬不进去。所以我推断这个嫌犯是高瘦的身材。

我们将这些信息发给媒体，让他们登上报纸，求助民众提供信息。结果不到三天,嫌犯就被抓捕。幸运的是,女孩被救回来了。嫌犯是个怪教教徒,女孩被嫌犯洗脑,跟着他流浪了 14 个月。现在这个女孩已经大学毕业并结婚,去年还写了一本书讲这件事的经过。

案例三:灭门案

第三个案件是城里发生的一件凶杀案,房子里三个人被杀死,包括:一名 72 岁的老太太,她 44 岁的儿子,以及 8 岁的外孙女。

儿子眼盲耳聋,外孙女是老太太的女婿寄送在她家过周末的。然而很不幸,周末老太太家发生了凶杀案。

现场一片凌乱:厨房做爆米花的机器亮着灯。孙女年纪小,儿子眼睛看不见,所以肯定是老太太在做爆米花。厨房的地上都是水,那么一定有水源。顺着一看,水龙头开着,水不断地流。嫌犯一定知道警方会去找脚印,开着水是希望冲洗掉脚印。据此判断,这个犯罪分子的受教育程度应该稍微高一点。

法医验尸结果显示,死亡时间是周日下午,尸体是女儿女婿周一过来发现的。但是我判断,死亡时间是周五晚上。为什么?这是一个祖父辈的心思:孙辈来看你的第一天,通常会很高兴地招待他(她)。三天之后,老人就会嫌烦了,打电话让儿女把孙子孙女带回家去。假如是三天之后,老太太也不会做爆米花了,因此我判断死亡的那天是周末的第一天。

我发现地上有个手表。手表掉在地上,常常时间会停住,我一看是晚上 10:15。这是一款男表,但儿子眼盲不需要戴表,所以这很可能是犯罪嫌疑人的表,上面有血,有秽物,这个物证很重要。我问了这家手表公司,我这时多么希望他们告诉我说这种手表他们只限量生产几块,卖给那些全世界最有名的球星。但事实是,这只是他们生产的几百万块手表中的一块,每天都有很多人买,所以手表的主人无从追踪。

老太太死在走廊，被刺 24 刀，走廊上都是水和血；儿子死在洗澡间，被刺 37 刀，洗澡间墙壁的墙纸上发现一个大手印，这么大的手大概是打篮球或者打橄榄球运动员的手。

小孙女被刺 14 刀，颈项被割，地毯都被血浸湿了，只有她上身的后边没有湿。按逻辑推测，嫌犯是从床上把她拉下来的。嫌犯站在床边上可能会留下血印。用化学方法喷溅检测之后，我看到一个半鞋印，但地毯的毛太厚重了看不出来是什么样的鞋，只能看到是个大脚。于是我们把地毯标注好，切下来研究，结果得知鞋底印是多角形的。

隔了一天案子还没破，美国媒体对我的称呼，从前一天报纸上的"国际知名专家"，一下子降级到"州级的首席鉴定专家"。到了第五天还没有动静，报纸头条只讲"李先生"，专家都不讲了。

通过手表里面的短毛发、血、皮肤、灰尘等等检测结果，推理凶手是黑人。黑人的头发很硬、多卷、颜色很深。DNA 鉴定结果显示：手表浸染的血是老太太的，头发、皮肤是嫌凶的。在枕头边发现了一个 6 寸（20 厘米）的小手印，说明嫌犯不止一个人，其中一个可能是女孩子。后来知道嫌凶的确有个意大利女朋友。

经过不断调查，警察终于找到嫌犯，果然是个黑人篮球助理教练，他的女朋友也出来做证。

我就是通过手印、鞋印等现场逻辑，破了这个案子。第二天报纸报道，称我是"现场之王"。

案例四：女报童被杀案

这是个很有名的案例，受害者是个上初中的小女孩，家境贫困，每天放学回家后去送报纸。

她通常下午三四点会回家，出事那天那个时间，小女孩并没有回去，她妈妈急忙打电话，动员附近的邻居和警察寻找，最后在山坡树丛内找到了孩子的尸体。

当时我是康州警政厅的厅长。刑警们立刻请我到现场，我一看就判断这是第二现场。

做出这个判断的原因在于，女孩子的鞋子、报纸都不见了。死者脸上有个钝器伤，颈上大动脉被割破，苍蝇已经来了，但还没有蛆。逻辑告诉我，她在这个第二现场待的时间很短。

小女孩的颈上大动脉被割破，浑身是血。警察当时很兴奋：因为这种情况，凶手身上很有可能会沾染到血迹。

另外一个线索，是孩子衣服上的血迹，有两种不同的颜色。我根据经验判断，这其中一种颜色不是血，是橘子水。

所以在搜集嫌犯的家时要找果汁，他一定是骗小女孩进去说喝点橘子水之类的。小女孩的家庭地址已知，那么只要知道小女孩的送报路线。

我做了一个时间表，来分析时间地点：2:50 离开家开始送报；3:10 最后一个人看到她；4:20 家人报案；4:30 地方警察到了，搜查无果；4:50 请州警动员搜查；5:50 发现尸体；6:10 重案小组到场；6:25 我到场。

这么一分析，最重要的时间段就在于 3:10 到 4:20。按逻辑分析，最后一家收到报纸，下一家没有收到报纸，嫌犯的家就在这两个家庭之间。

我们在这个范围里，找到了一处公寓，主人是一个女人，她有个男朋友一起住。

不过这个男朋友表面上没有异常，身上也没有血迹。

但是你想，如果他的衣服沾到了小女孩的血，还会穿在身上？所以我多做了一步，让警察把洗衣机里的衣服拿出来看。

果然，他们找到洗衣机里男人的内裤上有血迹，是死者的。

受害的小女孩，当时的裤子是穿反的，明显是后来被穿上去的。她的内裤上有一点精液和血迹，通过 DNA 比对发现，就是属于这个男人的。

这个案子就破了。

案例五:18 个妓女失踪案

沿着美国 95 号公路,从麻省到纽约共 18 个妓女失踪了,专案小组调查了很久都没有线索。她们的父母就来找我说,虽然我们的女儿不是做很高尚的职业,但是她们也是人。我找到最后的三个案件来调查。

第一个死者的尸体是在办公楼房后边的阶梯上发现的;第二个死者死在墙的后边;第三个死者在一个废弃的楼房地下室被发现。共同之处在于:她们尸体所在处都是公共场所,车子开不进去。

这说明嫌犯没有车,肯定得走路,而且对地势很熟悉。死者都是被钝器打伤,她们的衣服、裙子、裤子都是在左腿下边,现场都找到了同样的香烟头。

嫌犯找妓女不在宾馆而在不隐秘的公共场所,说明他很有可能是无业游民,而且这些妓女被奸杀之后也被抢了钱财。

由于死者都是妓女,所以 DNA 没办法测,有可能测出各种不同的 DNA。于是我将调查重点放在了现场找到的香烟头上。有钱人抽两口就把烟丢了,那么没钱的一定要抽到滤头才停。

我按这个思路分析做了 DNA 检测,搜查相关的 DNA 资料库,靠逻辑清查游民找到了嫌凶。虽然只审判了三个案件,但依犯案手段及地缘分析,这 18 个妓女应该都是同一个黑人杀的。

整　理　章咪佳
摄　影　尹炳炎
时　间　2016 年 5 月 23 日
地　点　浙江工商大学

三十年追寻民间剪花娘子
讲一个中国与世界的故事

[illegible]

[illegible]了自己的文化传统，是 21 世纪最大的冷漠

[illegible]

浙 江 人 文 大 讲 堂

洪大用

社会学博士、教授、博士生导师。现任中国人民大学副校长，中央实施马克思主义理论研究和建设工程社会学组首席专家，中组部“万人计划”第一批哲学社会科学领军人才入选者，教育部高等学校社会学类专业教学指导委员会秘书长，民政部专家咨询委员会委员。主要从事社会发展与社会政策领域的教学与研究，承担国家社会科学基金重点项目、教育部人文社会科学重点研究基地重大项目等科研课题30余项，独立或以第一作者出版《社会变迁与环境问题——当代中国环境问题的社会学阐释》《转型时期中国社会救助》《中国民间环保力量的成长》《环境友好的社会基础——中国市民环境关心与行为的实证研究》《生态现代化与文明转型》等著作多部，在《中国社会科学》《社会学研究》等国内外重要学术期刊发表论文60余篇。2007年获颁国务院有突出贡献专家特殊津贴。

坚守底线的发展

晚上从哈萨克斯坦飞到北京，第二天一早从北京飞到杭州，再从杭州赶到绍兴的浙江工业大学之江学院绍兴校区，中国人民大学副校长、社会学博士洪大用教授，跨越上万里受邀参加浙江人文大讲堂。

讲座中，洪大用从“什么是发展?”这一设问切入，借发展观的历史演变，提出应全面理解“发展”。他指出：“改革开放以来，中国在各方面的发展取得巨大成就，但在这个过程中，出现了一些很明显的问题。概括起来就是不均衡、不协调、不可持续。”他的观点很明确，坚守底线的发展就是在“促进发展、共同富裕、环境保护、价值建设”基础上的发展，“守得住底线，就有美好的明天”。

发展观的历史演变

当今时代是一个发展的时代，我们每个人都经历着发展的进程，同时我们每个人也是发展的参与者和推动者。中国发展取得了举世瞩目的成就，影响了全体中国人的生活，也产生了巨大的世界影响，成为世界发展的重要动力之一。

发展既是一个建构的概念，又是一种实践的进程。作为一个概念，它从生物学借用到社会科学的时间并不长。作为一种实践进程，它最初是指“二战”以后相对于西方发达国家的发展中国家的社会经济变迁进程，实质上是模仿、赶超发达国家的进程。但是，在这样一种“发展”的实践中，人们对于发展内涵的认识也在不断修正，大体上经历了四个阶段。

第一阶段在20世纪50年代，这是传统发展观阶段。在此阶段，发达国家经济增长模式的普适性被充分强调，对于发展中国家来讲，发展就是模仿发达国家的社会进程，而且经济增长具有决定性意义。如何衡量发展中国家的发展程度？一个最重要的指标就是GDP。大家认为经济增长了、物质基础有了，其他的问题都可以迎刃而解，这个社会就可以变得越来越好。但是在这种发展实践中，很多国家很快就出现了贫富差距过大，国内秩序混乱，各种社会问题突出，经济增长难以为继，甚至出现“有增长没有发展”的困境。

第二阶段是20世纪60年代，这一时期进入了修正传统发展观的阶段。在这样一个阶段，经济增长的社会基础受到重视，人们认识到经济增长是不能够脱离社会环境的，社会条件影响或者制约着经济的增长和发展。如果没有适当的收入分配、没有适当的价值观念变革和行为规制，那么经济发展是没有很好的社会基础的，是不可持续的。一些补充性的发展方案提出了，比如说“发展＝经济增长＋取得经济增长的社会条件”，或者“发展＝经济增长＋分配”。联合国当时的秘书长提出“发展＝经济增长＋社会变革”，这里就强调了经济和社会的协调发展。

第三阶段是20世纪70年代，人们继续反思全球性的发展实践，认为前两个阶段的发展观依然是以西方为中心的、以经济增长为优先的发展观。发展的实践需要更好的发展观指导，也就是需要发展观的转型。我们的发展到底是以西方为模板的发展，还是满足我们国家人民需要的、适应我们自身文化特色的发展？这是一个重要问题。围绕对此问题的回答，一些替代的发展战略被提出来，包括内源发展战略、满足基本需求的发展战略等等。20 世纪 70 年代后期，联合国教科文组织已经接受了这种发展观念，认为发展是多元的，是以人为本的。

第四个阶段就是 20 世纪 80 年代以来，这一阶段更加强调发展的全球维度和环境维度。最具标志性的事件就是 1987 年前挪威首相布伦特兰夫人主持撰写了一份题为《我们共同的未来》的研究报告，呼吁各国维护资源、保护环境，走可持续发展之路。这个时候大家已经意识到发展有一个环境基础的问题。面对诸如环境问题这样的全球性问题，发展已经不只是发展中国家的议题，发达国家同样面临着新的发展问题。

全面理解发展的基本内涵

第一个，发展不应该只等于经济增长。仅仅有钱是不行的，仅仅提高 GDP 是不行的，它还需要追求社会的全面进步，也就是经济和社会之间要协调。比如说我们浙江，经济发展非常快，社会指标也是很好的。有关研究表明，以基尼系数来衡量的收入差距，浙江省比其他省份要小。

第二个，发展应该是以人为中心的、全面可持续的发展。资本增值的内在驱动是发展的重要动力，但是发展不能等同于物的增加，以及对人的奴役，发展的本质是更好地满足人自身的需求，必须坚持以人为中心，着眼于促进人的发展，比如说促进人力资本提升，扩大人的选择空间和选择权力，更加关注发展的社会可持续性。

第三个，发展应当考虑不同的文化背景和社会的实际需要。源于西欧、北美的发展模式，在伊斯兰教地区、东亚地区等都遇到了很多文化上的冲突和不适应问题，这样一种发展模式并非具有普适性。对于什么是好的发展以及如何发展，当地人最清楚。发展在不同的国家、不同的文化、不同的地区实践的过程中，应当尊重当地文化，尊重当地社会的实际需要。

第四个，发展不应该以破坏环境为代价，不能忽视后代人的需要。在有限的时间内，我们这个地球可以居住的人数是有限的，这个地球的资源是全球发展的重要基础。这个地球上有很多国家，每个国家的资源又是其发展的重要基础。我们的发展不能杀鸡取卵、自毁长城，损害我们的本体安全。我们需要考虑后代人的利益，需要考虑长期的环境资源保障。

第五个，发展是开放社会中的发展，而不是某个国家孤立的实践。自从哥伦布发现新大陆以来，世界历史进入了全新阶段，真正的世界史开始了，全球各国各地区日益紧密地联系在一起。我们现在关起门来搞建设是不可能的，各个国家的孤立发展是不现实的。面对全球性的发展约束，发展是全球各国都必须自觉调整并密切配合的社会进程，它早已不是仅仅指称落后国家模仿发达国家的社会变迁进程了。

中国发展的成就与风险

我们国家的当代发展是一种自觉自为的社会进程，是着眼于解决自身实际问题的自主努力，是在中国特色社会主义旗帜下的不断探索。新中国成立以来，特别是改革开放以来，我们的发展取得了巨大成就。

第一个方面，1978年，我们人均GDP按高估的标准也只有200多美元，在世界上是倒数第二。从1978年到2015年，也就是37年时间，中国人均GDP已经达到8000美元，这是一个多么大的进步！从GDP总量上看，中国已经稳居世界第二位，这是世界格局发生很大变化、全球开始关注中国的一个重要背景。

在GDP增长、人均收入增加的情况下，我们国家的贫困人口规模在急剧下降。如果说改革开放初期中国差不多有1/3的贫困人口，到今天已经是只有6%左右的贫困人口了。如此快速的减贫成就世所罕见，中国确实值得全世界为之瞩目并给予尊重。

第二个方面，当代中国发展所取得的成就，不仅仅体现在物的层面，而且体现在人力资本的提升上，尤其是中国的教育体系获得了快速发展。我们高等教育方面2020年的规划目标是毛入学率达到40%，但实际上这个目标已经提前达到了，2015年就达到了。不光是高等教育，2015年，学前三年毛入园率75%，达到中高收入国家平均水平；九年义务教育巩固率93%，普及程度超过高收入国家平均水平。

第三个方面，我们发展的成就不仅仅是说有钱了、受教育了，我们人民的健康水平也在不断改进。出生预期寿命是衡量健康水平的一个重要指标，在2010年到2015年这个阶段，我们男性寿命已达73岁，女性是77岁，而世界的平均水平是68岁。中国人有了越来越长的时间享受生命。

综合来看，以人类发展指数（HDI）来衡量，中国也已取得了显著进步。根据联合国开发计划署2014年7月24日的报告，中国HDI达到0.719，这是中国自1949年新中国成立以来头一次成为高人类发展指数国家，是一件划时代的重要事件。

当然，我们每个参与发展进程的人都能感受到，当代中国发展的进程也面临着一些结构性的紧张和压力，存在着一些巨大的隐患和风险。在某种程度上可以说，这是一个充满陷阱的时代，学术界、社会上，乃至政府，都在传说着诸如“中等收入陷阱”“塔西佗陷阱”和“修昔底德陷阱”之类的议题。

从社会学的角度看，我们时代面临的发展风险可以说包括了以下几个主要方面：一是财富分配风险，最典型的就是贫富差距依然过大，妨碍着社会秩序和社会共识，并影响到了发展的可持续性；二是环境恶化风险，大气、水体和土壤污染都很严重，老百姓也越来越关注；三是经济发展风险，也就是经济转型为新常态并保持平稳增长仍然面临着诸多约束；四是价值混乱风险，尤其体现在物质主义、个人主义、消费主义盛行，以及民粹主义与世界主义的紧张对立，伴随价值混乱的社会焦虑与宗教渗透，严重恶化了社会心态;五是社会解组风险,突出体现为社会信任弱化以及社会组织体系变革滞后。

如何坚守发展底线

在中国发展进程中,有两条底线大家比较熟悉,一是2006年提出的18亿亩耕地保护红线,二是2013年提出的划定生态保护红线(目前还在划的过程中)。这两条底线都是针对具体工作的。

如何给整个发展的进程划底线?这是非常具有挑战性的。我觉得可以从四个方面去考虑:一是在要不要发展的问题上,需要坚守促进发展的正当性,不能有丝毫的迟疑和动摇。我们必须坚定地朝着解放生产力、发展生产力、推动持续发展的方向去走,不能走回头路,不能犯颠覆性的错误。二是在发展的时空维度上,我们必须追求中华民族的永续发展,不能满足于昙花一现,要长盛不衰。这里的关键就是坚守环境保护的底线,在有限的资源环境空间中谋求永续发展,保障本体安全。三是在发展的社会维度上,我们必须坚守共同富裕的必要性,不能满足于少数人受益,不能接受不合理的贫富差距,需要确保发展的包容性。四是在发展的价值维度上,我们需要坚持价值引导的底线,加强价值建设,维护基本社会共识,促进人的全面发展,增进人的幸福感。

如果说在以上四个维度存在着发展的底线,那么,为了更好地持续发展,我们就必须强化底线思维,重视顶层设计和统筹协调,通过预防性的制度建设和扎实有效的工作,来坚守住底线。

第一点,在进一步促进发展方面,我们尤其需要反思并走出赶超型发展战略的误区;反思政府、市场与社会的关系,既发挥市场在资源配置中的决定性作用,又更好地发挥政府的作用;坚持创新与内需驱动的发展,注重满足人民群众的基本生活需求。

第二点，在坚持保护环境方面，尤其要切实做好国土功能区划分，扎实推进生产生活体系的全面绿色化，进一步完善公众参与发展和环境保护的制度安排。

第三点，在坚持共同富裕方面，特别要着眼于优化初次分配，完善劳动者权利保护；着眼于加强人力资本投资；进一步完善再分配制度体系，筑牢社会安全网；进一步强化命运共同体意识。

第四点，在推进价值建设、加强价值引导方面，要特别重视从孩子抓起，从教育抓起，回归教育本质；重视生命教育，在全社会注重保护公民的基本权利；加强理想教育，用中华民族伟大复兴中国梦凝聚人心；进一步加强法制和道德约束，增进社会关系的可预期性和社会信任。

总之，我们今天的发展成就来之不易，我们未来的发展确实面临很多风险。从我这些年的研究看，明确以上四个维度上的发展底线并坚守住这些底线，我们就会有更加美好的明天。

整　理　章咪佳
摄　影　尹炳炎
时　间　2016 年 5 月 28 日
地　点　浙江工业大学之江学院绍兴校区

浙　江　人　文　大　讲　堂

周 宪

1954年生，先后毕业于南京师范大学中文系，北京大学哲学系美学专业（哲学硕士），南京大学中文戏剧学专业（文学博士），现任南京大学艺术研究院教授、博士生导师，教育部长江学者特聘教授。主要研究领域集中在美学、文艺学和文化研究等方面，尤其是文化现代性研究和视觉文学研究在国内学界有较大影响。著有《审美现代性批判》（2005）、《视觉文化的转向》（2008）、《从文学规训到文化批判》（2015）等。主持完成国家社科基金重点、年度重点项目和一般项目多项，曾获省部级科研一、二等奖。博士学位论文获全国高等院校优秀博士论文。

电子媒介时代的阅读困境

阅读跟人类文明，尤其是跟我们中华文化的关系是非常密切的，纸张是中国人发明的，活字印刷也是中国人发明的，所以，中国璀璨的文化史，其实跟印刷业发展或者说跟书籍和阅读关系密切。

然而今天，我们的阅读面临着许多问题。现在对读者来说不是书太少，而是书太多，多得不知道该去读什么。

6月15日下午，南京大学人文社会科学高级研究院院长，教育部长江学者特聘教授周宪做客浙江人文大讲堂，与大家一起谈谈当今国民的阅读境况。

南京大学正在推一个本科通识教育项目，叫作“悦读经典计划”，稍后在清华大学将召开一个全国10校的通识教育联盟会议，我将会做一个报告介绍这个计划。作为南京大学通识教育专家委员会的主任，从我个人的经验，我对学生的观察，发现大学乃至整个社会的阅读，都面临着很多问题。

现今国民的阅读情况

阅读跟人类文明的关系，尤其跟我们中华文化的关系是非常密切的。

现今的阅读环境不是书少，而是书太多，不知道去读什么。1997 年伦敦大学学院做的一项研究指出，学者看专业的文献，不论是教育网站，还是大英百科全书的网站，结果发现是一样。人们通常上这些网站只看前面的三页，只关注标题、提要或者是关键词等，并不通读全文，所以，一种新的阅读出现了，叫“强力浏览”。

在国际上的情况亦很相近，美国有一个大学生对文献引用情况的调查，发现当中 46% 只引用文献的第一页，23% 引用文献的第二页，其余大部分引用全部集中在文献的前三页。这个现象说明了人们的阅读习惯开始发生变化，根本不要去读完全文，看一页、看两页就开始引用。

而在中国，2015 年的国民阅读报告的第二条“数字阅读方式”包括网络在线阅读、手机阅读、电子阅读器、光盘阅读、iPad 阅读等，接触率超过 58.1%，但中国人年均读书是 4.58 本，而美国平均是 7 本、日本是 8 本、韩国是 11 本。这些数字是值得我们深省的，数字阅读的兴起，已经深刻地改变了中国人的阅读习性，也向教育和文化研究提出了许多挑战性的课题。

人类传播文明的三阶段

以上提及的阅读困境是从何而来，是喜是忧，须从历史说起。从我们不同的文化形态开始讲，一般我们在文化学上都把人类的文明按传播的手段大概分为三个阶段。

第一阶段是口传文明，文献的记录就是通过口语传播、记忆传递下来，早期的史诗没有文本，文本都是后人记录下来，所以口传文明是人类文明很早期的形态。口传文明的特点是面对面用语音传递。这个文明的形态被认为是人类传播文明最理想的一种形态，因为口传文明的典型情境是角色互换，说话的人和听话的人之间是平等的，因为当说话的人变成听话的人，另外一个听话的人就会变成说话的人。

第二阶段是印刷文明。大家知道在北宋时毕昇发明了活字印刷，欧洲则大概是15世纪中叶由德国的发明家古腾堡发明了活字印刷。印刷文明衍生出“不在场的交流”，即使写文本的人不在场，人们还是可以通过一个文本作延迟的阅读和传播。这很重要，从这以后，文字可以通过不断地复制印刷，传到很远的地方。

第三阶段是电子文明。这个阶段是从20世纪开始，特别是第二次世界大战以后的几十年，数字化和网络化新的技术发展，为电子文明提供了新的条件，所以有学者认为，电子文明和数字化文明有所不同，后者是人类文明发展的又一个新阶段。

沉浸式阅读

以上几种文明，影响最深远的应是印刷文明，它影响了人们的阅读方式。现代社会里，读写能力是一个人进入社会所必须具备的基本能力。今天我们看到的词典、百科全书、启蒙运动，甚至包括我们的“五四”时期的新文化运动都跟阅读或读写能力相关。

印刷文明创造出了纸质文本的阅读，这种阅读有其鲜明的特点，总体上可以归纳为沉浸式阅读。它有如下特点：

第一是孤独，阅读通常只是一个人在看书，孤独体验对阅读非常重要，网上阅读会导致默读的习惯，就是不会读出声，但是每个字都在心里过了一遍，这叫默念。

第二个是阅读有助于培育理性。无论是古代竖排的线装书，还是西方的横排书，阅读都有规则，从左读到右或者从右读到左，从上读到下等。文字是线性排列的，语法是讲求规则的，思想观点须经过推敲蕴含在抽象的文字之中。这些对读者理性的培育很重要，所谓“知书达理”即如是。

第三个是阅读的单调性。读书时面对的是抽象的语言，会令阅读产生一种单调感。但在印刷文明时期，由于没有别的方式，所以读者对这种单调有耐性，可以一天什么事都不干，就看一本书。

默读往往伴有一种沉思、冥想，专注凝神的状态，如庄子所说“用志不分，乃凝于神”，就是印刷文明培养出来的一种阅读习性。

社会变迁与阅读变化

印刷文明培育阅读习性在今天遭遇到非常严峻的挑战，今天的阅读有不少严峻的问题，诸如拒绝经典，不读长篇或读得很多但不求甚解、没有耐心，读得很快且阅读面广，但读得零散。

这些问题的形成原因有几个。

第一是从上世纪90年代开始的视觉文化，海德格尔说今天是一个“世界图像时代”，任何东西都被转化为图像，人们用图像来把握世界。法国哲学家德波则把今天的社会称之为“奇观社会”，他说今天这个社会就是要制造各种各样的奇观，而奇观就是商品，或者说形象即商品。

当今社会流行两个概念：一个叫注意力经济，一个叫眼球经济。什么都要吸引眼球，所以在今天这个时代，我们面临着一种叫作“读图时代”的图文战争，就是图像跟文字之间出现了一种紧张关系。例如年轻一代大都会看动漫，受图像文化的影响是非常深远的，所以青年人对文字的感觉跟我这一代人可能有所不同。如今流行的是图文书，印有大量图片，因为这样书好卖。图文书特别特别畅销，这是不是意味着人们的阅读习性变了？他们喜欢读图更甚于读文？

所以我们有理由认为，视觉文化正在改变我们的阅读习性。视觉是直观的，文字是抽象的，因此视觉形象更具吸引力和更富有魅力。今天的影视文化对我们影响很深，文字跟影视的关系也变得微妙起来，一些作家专门为影视来写东西，他们写的东西不仅是小说，而是为了今后拍成电影。我们对图像的着迷在改变阅读的文字感，加强了语言的形象画面感，所以说，写作在视觉文化的影响下也发生了变化。

第二是消费文化，今天中国社会已经进入了一个消费导向的社会，消费主义的意识形态弥漫在日常生活之中。

消费社会主要的特征是消费拜物教并以消费来实现身份认同。人们消费任何东西不只是消费物的使用价值，相当程度上是在消费其交换价值。比如钻石，原本深埋在地下与我们无关，但是经由广告的美妙修辞便被赋予新的交换价值，如"爱情恒长久，一颗永流传"，这样的广告语便赋予钻石以新的意义，进而形成了交换价值，似乎消费钻石就是对恒久爱情的承诺。

在消费社会中，人对消费品的物质消费的欲望是永远没有底的，这就产生了一种消费主义中的"快感文化"。英文中有一个新词，所谓"infotainment"，这个词前面是 information，后面是 entertainment，叫"信息的娱乐化"。今天，娱乐性已经渗透到了各行各业，方方面面。影视要娱乐，文学要娱乐，新闻要娱乐，甚至在课堂上，娱乐也成为教育学的原则。这样的高度娱乐化条件让我们对阅读的单调性变得难以忍受，文字正在被各种各样的多媒体视听信息所取代。即是说，消费文化改变了我们对文字阅读的感觉，为了摆脱阅读的单调，人们会转向其他娱乐，沉迷于影视、动漫、视频、图像等直观性的娱乐之中，而慢慢远离了阅读。

电子媒介改变阅读

今天电子媒介对我们的影响怎么估量都不为过。据英国《卫报》报道：英国儿童的阅读量在缩水，且只有 32％的阅读是在读书。阅读已不再是儿童学习知识的主要通道。根据这个报告可见，2013 年整个英国的儿童阅读已经下降了8个百分点。中国的情况如何？也许更严重。

电子媒介是如何改变我们的阅读习性的呢？

各种电子装置变成了人们阅读的范式。有哲学家提出，当代社会生活的特征是人们依赖于大量的装置范式，这些装置取代了知识传授的传统生活，装置的便捷性使我们获取知识更为方便，装置的娱乐性给我们带来了很多快感，装置的视觉性使视觉文化变得很流行。有一个关于伦敦出租车司机要不要用GPS的研究，结果非常有趣，用GPS的一组出租车司机，对伦敦的空间记忆是很差的，不用GPS的那一组司机对伦敦的空间记忆是很清楚的。麦克卢汉说过，“媒介是人的延伸”，但他还有半句往往不为人所关注，那就是“延伸到什么地方，人的能力就在什么地方”。此话说得极为精辟！比如说在今天，大家都用计算器，不用算盘，因为计算器把你用算盘的能力给取代了。更有趣的是，如果有一个同学手机掉了，他会魂不守舍，因为生活乱了，所有的东西都在手机里。所以我们今天对装置的依赖性是非常大的。电子阅读现在越来越普遍，那么这个东西是怎样改变我们阅读的呢？

印刷文字和电子媒介之间的差异性

纸质阅读跟数字的阅读是不一样的。挪威有一个研究，发现纸质阅读对文本的记忆远远超过了电子阅读。我们从纸面到电子界面，实际上是一个非常大的变化。今天流行的电子阅读，借助于各种各样的移动终端设备，如电脑、平板、手机、iPad等，其优点显而易见，它资源丰富，获得便捷，很容易上手，它也没有时空限制，链接又广泛，我们经常可以通过一个文本链接到很多信息，这是纸质书完全做不到的。纸质文本和电子文本有很大差异，纸质文本是一个具体的物质实体，很容易和阅读经验关联，比如笔记、纸质、油墨、版式，甚至落在页面上的一滴咖啡等，都成为阅读经验的一部分。电子书则完全不同,即使它做得跟纸一样,可它和个人阅读独特性无关,因为它对每个人都是一样的。我在伦敦的旧书店买到一本剑桥大学人类学家看过的书,英国人很会做生意,这本书的封面上写着这是著名学者某某某的用书,里面有他的笔记和眉批。于是这本书卖得比其他旧书贵好多。这些都是电子书所没有的,也许正是这些复杂的原因,阅读电子书不像读纸质书那样容易记忆。

那么,为什么说电子阅读对我们阅读习性有所改变呢?

第一,电子阅读已经把我们对信息的单一性接收改造成多元性接收。第二,电子阅读中声音、图像什么都有,文本的呈现方式根本不是文字,所以我们的阅读变得更加多元了,不仅仅是文字了。第三,电子阅读改变了我们的认知,形成了一种超级注意力,而我们的深度注意力则趋于衰微。第四,电子阅读令我们的行为发生了变化,可能我们读一会儿就会干些别的事,比如听听音乐、看看视频、浏览其他网页等等,纸质书阅读时的那种沉浸状态就一去不复返了。

可持续的阅读发生变化的原因

从客观的原因讲,今天我们的阅读情境是超本文所构成的阅读生态。超文本就是一个文本有很多的链接,它能形成很广泛的网络。读书就是书本身,没有别的东西,但是电子文本可以链接到很多东西,比如链接到视频、声音、图像……我们在网上的阅读会接触到这样一种电子阅读的链接,容易分心、不专一。美国学者纳尔逊指出,电子文本最重要的超文本有三个特点:第一是链接,第二是分叉选择,第三是非顺序性。

如果说超文本是客观对象方面的变化,那么,主观心理方面也随之出现了重要的变化,那就是电子阅读形成了一种新的注意力模式——“超级注意力”。美国学者海尔斯认为,超级注意力有四个特点:第一,迅速转移焦点，在阅读时很快转移，所以现在的读者不愿意读长篇；第二，要多样化的信息，纸本书是单一的，白纸黑字；第三，喜欢刺激性的东西，因为这让你开心；第四，不能容忍单调，因为阅读是单调的。他说这四个特征构成了超级注意力模式，表面上看你关注了很多东西，但实际上却读得很表层和零散。

跟这个注意力模式相对的是“深度注意力”，其特点有四个方面，正好跟超级注意力相反：第一，持续地关注一件事情不转移；第二，忽略外部的刺激专注其中；第三，比较喜欢单一的信息；第四，是最重要的，就是对单调的状况有忍耐性，可以长时间做一件单调乏味的工作。第四点我想就是今天阅读所面临的一个最大的心理问题。

电子阅读的问题

电子阅读有很多益处，这个不用我来说，大家都很清楚，我要说的是电子阅读潜在的问题。有如下特点，第一，它容易造成我们分心，因为电子阅读有很多的链接，往往我们阅读的时候根本就不专心，失去了阅读的专注性。第二，非线性的阅读。本来我们是一个一个字往下读，现在不是，我们现在在阅读过程中搜索或者跳读、略读，一会儿就看完了，根本不会看全文。第三，我们现在不能忍受长的文本，连老师都不愿意布置长的东西给学生看。第四，因为电子阅读可以链接其他的资源，所以电子阅读使我们的视野更开阔，但是也带来了广博而缺乏深度的问题。于是，以下问题变得越来越明显。

第一是碎片化的阅读，刚才可能还在看《三国演义》，马上一下跳到美国特朗普的选举，这个阅读不是系统的，它的多样性和系统性变成了一个矛盾。我们常常刚看了只言片语，然后就去发表自己的议论，在电子阅读时代我们是“信奴”而不是“信主”，即我们是信息的奴隶而不是信息的主人，我们对各种各样的信息表示关注，但这些信息之间的相关性是很弱的，有什么样的内在联系也不知道也不想知道。

第二是浅层化阅读，点到即止、不求甚解。现在有很多研究特别指出，长期的电子阅读会导致学生批判性思考能力的下降，因为今天我们的阅读都读二手、三手的东西，如人们的改写、撰述和概要，不去读原文。

第三是快速阅读。现在信息太多，不可能什么都了解，通常是别人先做了归纳，然后才去看。有人建议应该把维基词典网站取消，因为里面错误太多，很不严谨，它是公开信息的平台，可它的研究性和专业性不够。我们并不直接去接触那些原始信息和文献，这就使阅读产生了很多的问题。

四种阅读方式

根据阅读的认知研究，阅读主要有四种：第一种叫略读，就是很快地读过去，这种读是为了寻找一些有用的要点或者重要的东西；第二种是跳读，寻找一个特定的东西；第三种叫泛读，比如读小说；第四种比较重要，叫精读或细读。今天流行的电子阅读，使前三种阅读变得很普遍，第四种阅读变得比较困难，即长时间去细读一个文献的能力和行为都变得越来越差。这也就是说电子文明给我们带来了一种新的阅读习性，这跟印刷文明所形成的沉浸式阅读完全是不一样的，它已经深刻地改变了我们对阅读的感觉、理解以及体验。当然，我不能说电子阅读不好，电子阅读有很多方便的地方，比如说查询、检索、比较等，但是它的缺点我们应该引起注意。

信息的多元化和易接近性其实也是一把双刃剑，它给我们带来丰富的资源，同时也会给我们带来一些意想不到的问题。有研究发现，过度沉溺于电子阅读会导致批判性思考能力下降。冯友兰先生说，做学问先要

"照着说",然后更重要的是要"接着说"。今天读者照着说很容易,接着说很困难,因为我们的阅读和理解已经发生了深刻变化,读得很多却很肤浅,知道得很多却不求甚解。

摆脱阅读困境的建议

我们要搞清楚今天面临的问题。今天的阅读生态是有一些问题,电子阅读在不断地蚕食纸本阅读的领地,两种阅读越来越趋向于失衡。所以,我们必须找到一些方法来维系阅读文化生态平衡,保持我们的深度注意力不被超级注意力所挤压。否则,我们阅读文化的未来是令人担忧的。这里,我想提出一些建议。

第一,平衡纸本阅读和电子阅读的关系。千万不要放弃对纸本的热爱,如果我们不去读纸本书,就会失去很多对阅读的感觉。读纸本书可以培养良好的阅读习惯,是一种很好的训练和体验。对青年学子来说,我建议每个人应该有自己的个人书单,有自己独特的藏书,有自己个性化的阅读取向和兴趣。比较可悲的是,我们今天很多人没有这些,看别人读什么就读什么,这是一个很让人忧虑的现象。当然,电子阅读有其益处,我们要知其益处也知其劣处,只有这样,在一生的阅读中才能平衡好阅读的不同方面,既不拒绝电子阅读,又不被电子阅读的潜在局限所左右。

第二,可以通过以上平衡,来保持两种注意力模式的平衡。现在电子阅读加剧了超级注意力模式的形成,人们阅读时喜欢更多地去链接、搜索、浏览和接受各种各样的信息与知识,却不喜欢长时间地读一本书。因此,我们的深度注意力及其解读和理解显得很不够,沉浸式阅读在今天变得越来越边缘化。特别是我前面说到的对阅读单调性缺乏忍耐力,阅读时不停地转移焦点,这就是我们今天阅读困境的根本原因。有鉴于此,我们必须在大学和社会提倡静心潜心地读书,真正沉浸到书的世界中去,不为杂多的信息所纷扰。只要我们努力维护这样的阅读习性，我们的阅读文化就有美好的未来。

第三，提倡无功利的阅读，即出于兴趣和爱好而不是回报的阅读。今天我们的阅读深受功利目的的影响。做任何事都要求回报，工具理性成为人们的阅读取向。因此，阅读就变成了一个为考试、为学分、为资格、为证书去做的事，其实这样的阅读都不是最佳的阅读，我想阅读最重要的就是不为任何东西的阅读，纯粹为兴趣而阅读。我认为知识是可以传授的，智慧要靠你自己来体认的，而读书是我们增长智慧一个很好的路径，所以我说沉浸式阅读是一个很高的境界，也是人生的一个境界。因此，面对中国当下实用主义和急功近利泛滥成灾的局面，提倡无功利的阅读是有其重要疗救功能的。

整　理　陈漪桐　林咏珊
摄　影　尹炳炎
时　间　2016年6月15日
地　点　杭州师范大学仓前校区

吴国平

宁波市镇海中学校长，兼任民进中央委员、民进宁波市副主委，宁波大学兼职硕士生导师、浙江省第十届人民代表大会代表。主持完成了多个国家、省、市级课题，课题成果先后多次荣获浙江省人民政府基础教育教学优秀成果一等奖、省基础教育科研优秀成果一等奖等。在《中国教育报》《思想政治教育》《中国德育》《教育信息报》等省级以上期刊、报纸上发表论文数十篇。曾先后获宁波市王宽诚育才奖、宁波市十大青年科技创新奖，获宁波市优秀教育工作者、宁波市有突出贡献专家、2008 年度浙江教育十大新闻人物等荣誉称号，被誉为“连创奇迹的浙派名校长”“中国长三角最具影响力校长”。在北大推行的“中学校长实名推荐”及清华推行的“领军计划”中，吴国平拥有推荐多名学生的资格，推荐人数位居全省所有中学校长第一。

教育需要追求一种自觉的境界

镇海中学是一所“牛校”，每年的高考成绩都让家长们津津乐道。从2014年起，学校连续三年囊括浙江高考文理科状元，高考“霸主”地位无人可以撼动。

镇海中学为什么这么“牛”？它有什么秘诀吗？

浙江人文大讲堂请来了镇海中学校长吴国平，请这所“牛校”的掌舵人为我们解密。

在丽水中学的报告厅，吴国平站在了浙江人文大讲堂暨丽水人文大讲堂的讲台上，面对台下1000多听众，并没有大谈特谈镇海中学所取得的成绩，而是从教育规律和教育本质出发，与大家探讨人的本质是什么，我们应该培养什么样的人，教育应该怎么办。

这体现了一个真正懂教育的校长对于教育的深思与实践，教育是培养人的，教育要有一种境界，不能太功利、太经济，只有认识到教育的本质，才能达到自觉的境界。

教育需要追求自觉的境界，避免不自觉、反自觉、伪自觉

所谓“教育自觉”，是指在遵循教育规律和人的身心发展规律及合乎教育实际的基础上，以人的健康成长和为社会培养有用之才为目标的人生追求。为育人，无论学校还是家长，都要有教育自觉。

教育自觉主要体现在五个方面。

一是注重精神追求，抵制功利性和盲目性。有时候人们对教育存在太多的功利性和盲目性，这是教育不自觉的表现。

二是强调价值观引领。价值观的实质就是根植于人内心的一种素养，它决定了教育行为的方向、强度、高度、持久性和品位。如“不搞有偿家教，不谋第二职业”就应该是每位教师的价值观，因为教育是需要教师全身心投入的事业。从某种意义上来说，如果学生请家教，那就是教师的责任未尽到，因为教学有五大基本环节，其中一个环节就是课外辅导，如果老师把课外辅导做到位了，学生就不用去请家教了。再比如“选择了一种职业就等于选择了一种生活方式”也应该是每位老师的价值观，如果老师的生活方式等同于农民或工人甚至公务员，这样的老师肯定成不了好老师。

“校长的价值体现在教师的发展上，教师的价值体现在学生的成长中”“教师的幸福观＝充实＋快乐＋意义”“让镇中因我的存在多一份美好”“把不得不做的事变成自己喜欢的事，是一种态度，更是一种能力”“用积极的等待陪伴每个孩子的成长”等等都是我们镇海中学老师普遍认可的价值观。

三是尊重个体差异，实现因材施教。针对不同的学生，应该有不同的教育教学方法。不一样的学生，不一样的班级，需要不一样的教育，这就

是因材施教。

四是倡导自主选择，实现有教无类。让所有的学生学会自主选择，才能真正实现有教无类。

五是体验和美幸福，感知教育真意。让老师和学生体验教育过程中的幸福和美，做到师生之间你敬我爱、教学相长、其乐融融，感受教育的真意。正因为这样，我校老师常说，和学生在一起，永远年轻、快乐。我们的学生也常常说，在镇中学习时时能感受到生命的成长、生活的快乐。

在现实生活中，我们的教育存在许多不自觉、反自觉、伪自觉现象。

教育的不自觉主要是由不理解教育本质、不懂得教育规律造成的，表现为不懂装懂、无知无畏、用权做教育。

教育的反自觉表现为不愿按教育规律做教育，往往把功利的、眼前的放在第一位，甚至为了个人私利违反教育教学规律做教育。学生家长请家教，学生进各种学科培训班，注重的往往是学科成绩，而家教老师、培训机构又大多把眼前的经济利益放在第一位，我是不赞成的。我在家长和学生大会上经常强调，学生和家长要充分信任学校，镇海中学绝大多数老师以校为家，他们有能力培养好学生的学习习惯和方法，学生的学习习惯好了，学习方法正确了，学科成绩自然就会提高了。

教育的伪自觉表现为看似自觉，实质是违背教育教学规律和人的身心发展规律的教育行为。有些老师和学校，忽略对学生品行、习惯、方法、价值观等的培养，仅仅对学习抓得很紧很死，这便是伪自觉。

在教育自觉下，老师该怎么做？

教师要有职业意识的自觉，这体现了教师对教师职业的认识和态度。

有些老师不明白教师应该有什么样的职业意识自觉。比如说，教师要有爱的意识，要有责任意识，这没有错，但“爱和责任”不是教师职业所特有的意识，因为除了教师要有“爱和责任”意识外，像医生、护士等职业也要有这样的意识。我认为，教师职业的特有意识至少应体现在“师表”“育人”“胸襟”“自省”等四个方面。有什么样的老师，就有什么样的学生，道理就在这里。作为老师，要求学生做到的，自己就首先要做到。例如，老师要求学生服装整洁大方，但自己却穿奇装异服，这样学生就不可能接受老师的要求。例如，有的老师对这个学生好，对那个学生不好，就容易让学生感到不公平。无论是课堂教学还是在生活当中，老师都应该注重用自己的实际表现去影响和培养学生形成良好的人格。但遗憾的是，有很多家长和部分老师总认为学生到学校里来就是读书，这种想法其实很可悲。

有一次，我在巡视校园时，发现某块公共场地没打扫，询问后得知该班级是由一位刚从外地调入我校工作的老师担任班主任，我就直接给这个班主任打电话，那位老师就说今天不是下雨吗，我说其他班级的公共场地都打扫了，就你们班没打扫，那位老师就说：知道了，等课间操的时候会让学生去打扫的。我当时就想，该班为什么没有在不下雨时及时打扫呢？为什么该教师要让学生在课间操的时候再去打扫呢？打扫公共场地既是培养学生卫生意识、劳动意识的需要，也是培养学生责任意识、服务意识的需要。该教师不愿让学生在上课期间打扫公共场地而更愿在课间操时让学生打扫，其实就是育人意识缺失的表现。

老师要有胸襟意识。学生犯错误甚至犯重复的错误，作为老师没必要跟学生过不去。因为学生是需要你教育的对象，他犯错是很正常的事。有些家长因为太过宠爱自己的孩子或受应试教育影响太深，有时不太讲道理，对老师的教育指手画脚。这时候老师也没必要生气，该怎么做还是要怎么做，因为老师是教育人的。

要成为一名优秀的老师还应该有崇高的教师职业精神自觉。教师的职业精神自觉至少应体现在爱岗敬业、廉职从教、团结协作等三个方面。

爱岗敬业体现在"精心施教"上。教师备课、上课、批改作业、学业评估、课外辅导等都做到尽心尽力、尽职尽责了，才能称为精心施教。如果老师对学生做到了精心辅导，学生就没必要去请家教，教育培训机构就不会有这么大的市场了。

廉洁从教在目前的社会背景下主要需做到"三不"——不搞有偿家教，不接受学生家长请吃，不接受学生家长的贵重礼物。因为家长请吃、送礼，无非是希望老师更多地关心他的孩子。

教师的团结协作精神是由教育工作的特殊性决定的。这个特殊性就是教师的劳动往往是单个人的行为，而教师劳动成果的体现往往是所有老师共同作用的结果。所以作为老师一定要有团结协作精神，没有团结协作精神的老师是不可能培养出一大批优秀学生的。

具有教育自觉情怀的老师一定能正确处理好生活与工作、物质待遇与精神追求、个体与团体、专业素养与精神素养的关系。镇海中学就有一大批这样的老师。当然，作为学校，要尽力保障老师各方面条件，尽可能减少老师的后顾之忧，例如老师子女入学、找工作、就医等，学校应尽力提供帮助。我们学校曾为一个患重病的老师发动全校师生和家长捐款达五六十万，帮助他渡过难关。

在教育自觉下，家长该怎么做？

首先，家长要避免角色错位。

对于学习，学生是学习者，家长是引导者。有些家长喜欢把自己的意愿强加给孩子，这样不仅达不到教育应有的目的，有时反而弄巧成拙，让孩子产生逆反心理。对孩子的教育，正确的方法应该是学校统筹安排，家长支持配合。当然，学校会通过许多渠道倾听和了解家长的意愿，但学校教育最后该怎么做，应该是学校的事情，家长不能无理干涉。

其次，作为家长不能仅仅关注孩子的成绩，而应更多地关注孩子成绩背后的东西。如学习的方法、习惯、意志力、毅力、责任心、感恩心、诚心、宽容心、担当意识、工作能力等。比如有些家长总喜欢在班级群里随意比较并议论班级间师资和成绩的差别，这不仅不会产生正能量，甚至会产生许多负能量，家长之间应该多交流孩子成长发展中的好经验、好办法，这才是正道。当然，家长若有好的意见、建议，可以通过正常的渠道反映给学校，让学校做得更有针对性，更完美。

作为家长尤其要注意不能成为“校闹”。我始终认为，学校的目标和家长的目标应该是一致的，都是为了孩子的健康成长，但在达成目标的过程中，具体的策略和方法也许会有差异，但学校毕竟更专业，所以家长要信任学校、依靠学校，而不应有太多的干涉甚至指责。有时候家长往往仅考虑自己的孩子，而学校考虑的则是全体学生，所以作为家长没有理由为自己的孩子挑选老师。在教师安排上，作为家长应该充分尊重学校的决定，否则每个家长都希望自己孩子班级的老师是最好的，这学校是无法做到的。

家长在孩子面前，千万不能说孩子班级怎么样，别人班级怎么样，谁怎么样，哪个老师怎么样等这样的话语，因为这样的议论是毫无意义的，应该注重好方法、好习惯的养成引导，这样才有意义和价值。

有家长经常会跟孩子说，读好中学是为了上好大学，读好大学是为了找好工作，这样的理想教育，也毫无积极意义。我们在平时要潜移默化地给孩子以社会责任、家庭责任等方面的教育引导，立意高远一些，不要太现实、太功利，否则孩子往往走不远，飞不高。

现在的学生对许多道理都明白，但往往做不到。原因在于家长在平时的教育中不注重意志力、毅力的培养。例如，早上，有些家长会一次次地叫孩子起床，这种做法其实很不好，这样往往会让孩子养成拖拉依赖心理，也不利于培养孩子的意志力和毅力，最好的办法就是让孩子设好闹铃，然后什么都不管，要相信孩子听到闹铃后就会起来。如果孩子不能按时起床，迟到几次、被教育几次甚至早餐饿几次后，一定会养成闹铃一响就起床的好习惯，其实这也是在培养学生的担责意识。

要培养孩子自己的事情自己做的习惯，这也是培养孩子责任感的重要途径。高一新生来校报到时，往往可以看到这样的场景：父母大包小包地背着拿着，孩子空着手慢慢地跟在后面，每当这个时候，我们就会提醒学生，东西为什么不自己拿？学生听了之后往往会不好意思并赶紧去接过父母手中的东西。现在有很多“白眼狼”，其实都是父母“养”出来的。

有很多家长不喜欢让孩子当学生干部，往往一味强调孩子的学习，唯恐担任学生干部而影响学习，其实担任学生干部是培养孩子综合能力的重要途径。现在在人的一生中，要经历无数次的考试，这些考试，不仅考知识，而且考能力、考素质。如果培养好了能力，孩子有了较强的综合素质，无论怎么考都不怕。家长应该多支持孩子通过参加各种活动来培养和提升他们的各种能力和综合素质。

一些家长喜欢让孩子在校外租房子住，这不一定是好事。如果学生租住在校外，除非父母跟孩子一起住，否则不一定有利于孩子的健康成长。我们曾经对高一时住校高二后搬到外面租房住的学生做过一次调查，发现除与父母同住的孩子外，租住校外后孩子的成绩总体上反而比住在校内时差了。要让孩子懂得享受校园生活，与其他同龄人多交流，这对孩子的成长是有帮助的。

家长不能仅仅关心孩子的成绩，更多是要把孩子的身心健康放在首位。学生心理出问题，通常不是学校造成的，而是家长逼出来的。有些孩子性格特别内向，不愿与人交流，有些孩子对学习非常抵触等，往往都是父母对孩子的学习管得过多造成的。

家长要相信学校，千万不要随意去请家教或盲目地送孩子到培训机构去学习。高中生已经有相当水平的自学能力了，不懂的地方，多与老师、同学交流，效果会更好。我以为教育培训机构往往不能称为教育，充其量只能称教学而已，只教知识，不育人，而学校，既教知识，又教做人。

教育自觉下，学生该怎么做？

教育自觉下的学生发展，主要有三个方面。

首先要提升学习动力，所以，学校和家长要帮助学生学会人生规划，明确学习目的，提高人生期望。要让孩子明白，自己将来可以为国家、民族、家庭做什么。

怎样进行人生规划呢？首先要明确自己的发展方向，避免迷失方向。要了解自己的兴趣爱好、个性特长是什么。不同的兴趣爱好、个性特长，应该有不同的发展方向。当然，兴趣爱好不一定是孩子的个性特长，所以作为老师和家长，应该尽可能让孩子的兴趣爱好、个性特长与发展潜质相吻合、相匹配，只有这样孩子以后才可以走得更远更高。

其次，要了解职业理想和职业特征。例如，一个能迅速静下心来的人和一个很难静下心来的人，其职业理想应该是不一样的，同样一个性格内向的人和一个性格外向的人，其职业理想也应该是不一样的。在此基础上，要知道自己的专业抱负、志趣志向是什么。然后，制定发展规划，最终选择学习方向。有一些学生，因为不了解自己的兴趣爱好、潜能潜质、个性特长，也不知道自己的职业理想，在选课学习、专业选择上就会走弯路。

最后，要增强控制力。仅仅有学习动力还不够，还需要有控制力，在镇海中学，我们在为学生充分搭建各种发展平台的同时，也十分强调增强孩子们的自控能力，学生要注重培养抵制不良诱惑的能力。

我认为，目前情况下，学生至少要克服三种不良倾向：沉迷电子游戏、阅读不健康读物、男女学生交往过密。这三点是高压线，如果谁触碰了，对其健康成长发展肯定不利，所以我们学校对此非常重视，只要学生触碰了这些高压线，必定会受到严厉的处罚。

同时，我们还非常强调两个“该和不该”。作为镇中人应该明白什么时间该做什么，什么时间不该做什么；什么地方该做什么，什么地方不该做什么。

现在外界的诱惑很多，有很多孩子之所以不能健康成长，就是因为不能自我控制。沉迷网络，学习、锻炼、交流的时间就少了；看了不健康读物，学业水平和身心健康往往会受影响；中学阶段谈恋爱，一般都会影响学习等。

最后，还要提高学习能力。学习能力包括许多方面，其中最重要的是要提升学习兴趣，改善学习方法，培养良好学习习惯等。高中阶段的学习，其学习过程肯定是辛苦的，但当你在通过刻苦学习后解决了问题和困难，得到了成长，培养了能力，收获了发展，这时的体会自然是快乐的，这才是快乐学习的真谛。

不同的学生应该寻找适合自己的不同的学习方法。如有些学生适合于编“错题集”，但有些学生不一定适合；有些学生预习效果特别好，而有些学生可能是复习的效率更高些等。

学生形成良好的学习习惯很重要。如学生在学习过程中要注重养成审题正确、分析完整、推理严密、计算精确、表述清晰等习惯，再比如，学生应养成预习、复习等习惯。所有这些都是一个优秀学生所必备的习惯。

总之，教育是培养人的活动，所以无论是教师、家长、学生，都应有对教育规律和人的身心发展规律的敬畏之心，自觉按照两大规律做教育，这样才能真正达到教育对人的成全。

整　理　丽水市社科联
摄　影　丽水市社科联
时　间　2016 年 7 月 30 日
地　点　丽水中学学术报告厅

浙 江 人 文 大 讲 堂

单之蔷

《中国国家地理》杂志社执行总编、中国科学院地理科学与资源研究所研究员、中国自然辩证法研究会科学传播与科学教育专业委员会副理事长、中国地理学会出版委员会副主任、北京大学科学传播中心特聘研究员、中国科学院大学科学传播中心特聘研究员。单之蔷研究员开创了融地理学、文学与哲学于一体的观察世界的新视角和写作的新领域——这是地理学家不曾关注,而哲学家和文学家尚未顾及的全新的视角和领域。他先后探访中国地理位置的四至点,多次深入冰川沙漠、丛林湿地考察,亲历过许多艰险,记录了许多鲜为人知的故事。他以交叉学科的视角、高度凝练的哲学式思考和文学化语言,将这些行走经历逐一展现在杂志上,并策划和组织编辑了许多广受读者喜爱的专辑和报道,为国人认识祖国的壮美河山提供了新的视角。

谁也不能阻挡我们对海洋的向往

因为南海问题，现在越来越多人开始关注海洋。谁也不能阻挡我们对海洋的向往，从近年中国采取的一些措施来看，我国已经找到了解决南海问题的途径。照这样下去，南海的未来一定是我们的，就像外交部部长王毅说的那样——历史终将证明谁是南海的主人，谁是南海的匆匆过客。

岛屿和岩礁的区别

要搞清楚南海问题，先要了解《联合国海洋法公约》(以下简称《海洋法》)，及其涉及的一些和国家主权相关的基本概念。

比如，什么叫"岛屿"？什么叫"岩礁"？

这次菲律宾南海仲裁案，竟然把太平岛——南沙最大自然生成的岛屿，判定为"岩礁"。依据是《海洋法》第121条第1项之定义：岛屿为四面环水并在涨潮时高于水面自然形成的陆地区域。岛屿一般可维持人类居住或其本身经济生活，可拥有领海、大陆礁层及专属经济海域；岩礁不能维持人类居住或其本身的经济生活，不应有专属经济区或大陆架。

由于"岛屿"和"岩礁"所享受的权益不同，所以不同国家、不同利益集团对两者的认识也不同。

另一个重要概念，是领海。

《海洋法》规定，整个海洋可划分为内水、领海、群岛水域、毗连区、专属经济区、大陆架、公海和国际海底区域等海域。其中，领海和内水属于国家领土的范围，而毗连区、专属经济区和大陆架则组成国家管辖区域。领海的宽度从领海基线量起，为12海里；再往外12海里，是毗连区；从领海基线量起，200海里内则是专属经济区；专属经济区继续往外延伸，才是大陆架。

大陆架是一个国家的国土向海洋自然的延伸，延伸到一定程度会突然有一个转折，这就是大陆坡。大陆坡外面才真正到了深海。所以在划国界时，大陆架是很重要的一个概念。

比如，在黄海和东海，我国面临着跟韩国、朝鲜和日本的划界问题。依照这个大陆架的概念划国界，对我们十分有利，但是日本就不承认，非要按"中间线"制，即两国国界线，取东海中间一条线作为分界。

而事实上，我国大陆架直接跟朝鲜半岛和日本接壤，假如按照《海洋法》划界，一个国家的大陆架延伸到什么地方，大陆架上面的海洋就属于该国。

为什么我国大陆架会延伸到那么远？因为中国有黄河和长江，千万年来，它们带来的泥沙在黄海和东海的海底沉积，一直铺到了朝鲜半岛和日本前的海沟。然而，由于之前中国海洋意识薄弱，有些本该属于我们的岛屿却被别人占了。不止黄海和东海，南海的诸多岛屿也存在类似情况。

许多国家近年重视岛屿归属，是为了尽可能扩大本国的领土面积——根据《海洋法》，要确定一个国家的领海范围，首先要找到领海基点，即一个个岛屿，将它们连起来，形成领海基线。基线以内是内水，以外12海里是领海。从领海基线，再向外面200海里，就是专属经济区，涉及许多经济上的利益，还有海洋资源。

换句话说，一个国家的领海基点越向外海靠，属于内水的范围越大，领土也就越大。所以，每个国家都希望自己的领海基点离自己的大陆越远越好，由此可见岛屿归属权的重要性。

海洋文明发达，海洋意识薄弱

既然岛屿、海洋这么重要，为何此前中国人的海洋意识会那么薄弱?

实际上，中国的海洋文明是非常发达的，海洋意识薄弱是因为受国家结构的影响——最北边是游牧民族，中间是农耕民族，南边才是海洋民族。在中国历史上，游牧民族不断侵扰农耕民族，迫使农耕民族不断南迁，挤压海洋民族，最后使海洋文明几乎消失殆尽。尤其是明、清，前者海禁，不让老百姓出海；后者海迁，让沿海百姓后退 50 公里生活，基本放弃所有海上岛屿。

可以说，郑和下西洋是中国海洋文明的顶峰，但也是衰落的开始。历史学家指出，在明代，南海已经是“中国湖”，到处是中国人了。

中国人的海洋意识薄弱，在很多地方有迹可遁。

比如，古代文人不重视海洋。在《唐诗三百首》里，“山”出现了 179 次；“江”“河”出现了 132 次；“海”只出现了 40 次。

又比如，现代学术界也不重视海洋。中科院重视研究青藏高原，有许多科学家去考察过，在这个领域出了 40 多位院士，但研究海洋的很少。我国前后在南极建了 3 个科考站，南海一个都没有。在维普中文期刊库中，按题目及关键词搜索核心学术期刊上发表的学术论文数量(2000—2010 年)，南海 1986 篇，青藏高原 2505 篇；海洋生物 540 篇，大熊猫 453 篇，鼠 73990 篇。

还有，在国内出版的一些地图上，也经常会漏掉九段线，没有南海。好在如今中国人的海洋意识开始觉醒了。

九段线的由来和意义

南海问题，关键在于九段线，即中国在南海的国界线。

这次菲律宾南海仲裁案，实际上，就是想证明，九段线是不被国际社会承认的。但这种说法，既荒诞又不公平。

我们划九段线时，菲律宾刚刚独立，马来西亚还没有独立，越南更是处在殖民统治下，所以要跟这些新诞生的国家讲清楚九段线，不大容易。

当时是 1945 年，抗日战争胜利，国民党政府将之前被日本人占领的国土都收了回来，其中也包括南海，甚至专门派出舰队去接收那里的海岛。这支接收队伍里，不仅有军官、政府官员，还有几位地理学家。其中一位是来自西北大学的郑资约，他带了几个学生，一同进驻南海诸岛，和众人立碑宣誓，然后开始测量、画图，整理南海诸岛的名称，并标明具体位置。再加上另外几位地理学家的努力，1947 年，《南海诸岛位置图》编制完成，九段线正式标注在地图上。

九段线，是中国争取南海权力的一个法宝。但也有人提出异议，认为这九段线太夸张了，划到人家门口去了。我认为，这些人之所以会有这种错误观念，主要是因为缺乏地理知识，看地图没有比例尺的概念，又没有去实地看过。比如，有一张地图，比例尺 1∶650 万，就是说任何一段距离，到这张图上，都被缩小了 650 万倍，这样看起来，能不到家门口吗？

九段线离周边国家直线距离最近的，要属马来西亚，我亲自去过。从那里租渔船，到中国最南端的曾母暗沙，相距 69 海里，即一百多公里，坐船一天根本到不了。这么长的实际距离，九段线能算是在马来西亚的家门口吗？按照《海洋法》，九段线离马来西亚的领海和毗连区也隔得老远，只是进入了他们主张的专属经济区。而制定九段线的时候，还没有《海洋法》，哪有 200 海里专属经济区的概念。所以，当初中国地理学家画的线是天经地义的。

而且九段线的每一段都是有讲究的，都是对照了海底地形，代表不同的地理单元，是有科学依据的。基本上其他国家的大陆架，我们也都考虑了。

对中国来说，九段线代表历史性权力，也是国界线。但与《海洋法》有冲突——我们管高出海平面的陆地叫岛屿，《海洋法》里的岛屿，还要求能够靠自身的能力来维持人类可持续生活。而只有岛屿，才能享有领土的权力，包括领海、毗连区和专属经济区。不过这次菲律宾南海仲裁案里，竟然裁定太平岛不是岛屿，也是自相矛盾，太平岛上要水有水，要田有田，怎么不是岛屿？仲裁结果的用意很简单，你不是说太平岛是南沙最大的岛吗？我连你最大的岛都不承认，那你其他的岛就没有任何的资格争了，所以就没有任何权力。

从饮食文化看南海问题

我认为，研究南海问题，不能简单以《海洋法》为基础。因为南海诸岛，大部分都是在涨潮时被淹没，潮落时露出巨大礁盘，有的礁盘比北京市的市区面积还大。黄岩岛也是如此，涨潮时，就一块石头露出水面，不到 2 平方米，其他的都在水下。而像中沙群岛，几乎都在水下 20 米以下。要是以《海洋法》为唯一依据，这些国土就不属于我们了。我觉得，这些岛屿的最大意义是水下的领土，但一直没一个相应的概念称呼它，我起了一个，叫覆水领土——尽管被海水盖住了，但的的确确是领土。

如果说，南海诸岛都不算领土的话，那么人类社会就不应该有领土这个概念。我的这个结论，是基于文化的原因得出的，说得更直接一点，是中国人的饮食文化。

中国饮食文化的顶级菜，即四大名菜，是燕窝、海参、鱼翅、鲍鱼，几乎都产自南海诸岛。早期一些科学家去西沙考察，海底都被海参铺满了，最长的海参有一米多长。我们的渔民为此还琢磨出了一套作业方式和捕捞用具——到这些地方，先打捞，然后就地加工，用专门的锅子把海参煮熟，全部晒干后再运回来。据说，利润是原来的15倍。海南岛有一个地方的渔民就是专门干这个事的，简直可以申请物质文化遗产了。

实际上，这些文化才是中国人拥有南海诸岛的最强有利的证据。如果不承认南海诸岛，等于不允许这些海南渔民捕鱼，那要他们怎么生活？就像因纽特人被允许捕猎鲸鱼、海豹，因为他们历史上就传承这样一种文化。同样的，海南渔民也有这种权力。

而按《海洋法》裁定，菲律宾、马来西亚和越南等国主张的200海里专属经济区，几乎把我们主张的九段线瓜分殆尽了。这可不是小事，意味着渔民不能出海打鱼了，更不用说"一带一路"了。所以这个裁定是绝对不能接受的。

南海的价值

我去过曾母暗沙后有种感觉，只要你到了南海，就会对它产生一种强烈的感情。为什么呢？因为中国这么多海洋，最美的是南海。

浙江属于沿海省份，舟山群岛就在海上，我曾坐船去过，看到的海像混泥汤。我有个来自内蒙古的同学，是诗人。他第一次看到海，激动地创作了一首诗，第一句就是：啊！这么多水。因为除了"水多"，没有什么可说的。

可要是看到地中海、爱琴海……诗人的说法就多了。普希金笔下的《致大海》，大海"闪耀着蔚蓝色的波涛"。因为人家看到的海是蔚蓝色的，中国多数海洋是黄色的，包括黄海、渤海等，船要走很远才能看见澄清的海水。

中国没有海洋文学，没有人写海，偶有几篇也写得不好。为什么？就是因为中国出诗人，出作家的地方，看不到美的海。浙江是中国作家、诗人最多的地方，中国现代文学史就是靠浙江作家撑起来的，这些作家许多就出生在海边，但他们为什么不写海洋呢？比如，艾青在诗里写："为什么我的眼里常含着泪水，因为我对这土地爱得深沉"，他没有说对大海爱得深沉。我认为，就是因为我们的近海不好看。黄河、长江从上游带来大量泥沙，所以近海海水都是浑浊的。

可是南海就不一样。一般评判海水是否美丽有两个指标，一个是水色，另一个是透明度。水色分 21 种，从蔚蓝，即特别美的蓝色和绿色，一直排到黄棕色，号数越小，水色越美，南海的号数很小。不光水色，还有透明度，如果水是浑浊的，颜色再好看，这海也不美。海水的透明度，其实就是能见度，把一个直径 30 厘米的盘子系上绳子，然后往海里放，直到看不清为止，这时看绳子放了多长，海水的透明度就是多少。南海这些地方，西沙、南沙群岛，透明度最好的地方有 40 多米，也就是说，鱼在 40 米深的海水里游，你都能看得清清楚楚。而全世界海洋透明度最好的地方是 70 多米。

海水透明度跟南海诸岛的主权归属也有关系。正是因为这片海透明度高，能看下去 40 多米，所以涨潮时被海水淹没的南沙诸岛，才能称它为领土，哪怕被水覆盖，仍历历在目。反过来，如果那里像近海那么浑浊，什么也看不着，还谈什么中沙群岛、曾母暗沙。

南海不仅风景好，还有发达的渔业资源，简直就是钓鱼者的天堂，随随便便钓上来的都是大鱼，而且非常漂亮，每一条都能放在鱼缸里观赏。

中沙群岛整个都在水下，但是我去的时候，看到很多渔民在那儿作业，抓石斑鱼的、抓鲍鱼的，还有抓各种贝类的。透过透明的海水，这些海洋生物能看得清清楚楚。

可惜这些，外国人无法理解。所以说，这些海产品是渔业资源也是文化产品，实际营养价值不高，一个鲍鱼抵不上一颗鸡蛋，可中国人就信这个。

除了渔业资源，南海还有丰富的石油等矿产资源。

在我看来，南海终将成为中国的马尔代夫。南沙的海水就跟琉璃一样美。大家都说，上有天堂，下有苏杭，我认为，下一个天堂在南沙。

整　理　沈蒙和
摄　影　尹炳炎
时　间　2016年8月5日
地　点　德清县图书馆

浙　江　人　文　大　讲　堂

黄德宽

汉语言文字学专业教授，博士生导师。安徽大学原党委书记。现任安徽省文史研究馆馆长，兼任中国文字学会会长、教育部中文学科教学指导委员会副主任委员、教育部社会科学委员会语言文学学部委员、国家社会科学基金评审委员会委员。黄德宽教授长期从事汉语言文字的教学和研究工作，主持国家社科基金《商周秦汉汉字发展沿革谱系研究》《汉字理论与汉字发展史研究》和《汉字发展通史》等重点和重大招标项目多项，出版有《汉语文字学史》(合著)、《汉字理论丛稿》、《开启中华文明的管钥——汉字的释读与探索》、《汉字阐释与文化传统》等论著多种，其研究成果两次入选国家哲学社会科学成果文库(2007、2013年)，曾获得国家优秀教学成果奖二等奖、教育部高校人文社科优秀成果奖一等奖等奖项。1992年起享受国务院政府特殊津贴，1997年入选“国家百千万人才工程”(一、二层次)。

普通话推广60年，您对它了解多少

1998年以来，每年丹桂飘香的9月，都能迎来全国推广普通话宣传周。2016年，是国务院发布《关于推广普通话的指示》60周年，也是《国家通用语言文字法》实施的第15个年头。

无论是普通话的推广，还是通用语言文字的普及，都是语文现代化的重要组成。安徽省文史研究馆馆长、中国文字学会会长黄德宽教授认为，中国的语文现代化探索经历了一个曲折的过程。其间，1915年新文化运动的兴起，对其产生了深远的影响。

此次，黄德宽教授做客第366期浙江人文大讲堂，讲述新文化运动从哪些方面推动了中国语文现代化进程。

通过文学革命建立真正国语

语文现代化是指一个国家为适应现代化的要求而进行的语言文字规范化的过程。在现代化进程中，发达国家大都曾推行过语文现代化政策。如日本，从明治维新开始，脱亚人欧，学习西方经验，就将普及国语作为一项基本国策，在推进经济、政治体制变革的同时，推行语言的规范化和标准化。

近代以来,中国的现代化探索经历了一个曲折的过程,许多志士仁人在这个历程中也曾认识到语言文字对复兴中华民族、实现古老中国现代转型的重要性。

光绪二十八年(1902),吴汝纶考察日本,看到日本普及教育和语言统一的功效,回国后就上书主张"使天下语言一律"。

从普及教育、发展科学、振兴国家的良好愿望出发,受西洋传教士"教会罗马字"和日本语言文字政策的影响,近代不少有识之士开展了语言文字的各种改革尝试。

先贤们开启的切音字运动和统一国语的努力,虽然未能寻找到解决汉语言文字所面临问题的正确道路,但是各种实践和努力,为新文化运动发生提供了一个大的历史背景。

新文化运动的代表人物胡适、陈独秀倡导的"文学革命",是新文化运动最重要的一环。"文学革命"的核心内容就是:倡导文言一致,摒弃模仿古文,以白话为工具建立"活的文学",这种文学是一种"人的文学"。

这种认识将新文学运动与国语的建立很自然地结合起来。胡适考察意大利、英国等欧洲国家国语形成的经验,认为"有了国语的文学,自然有国语","中国将来的新文学用的白话,就是将来中国的标准国语"。

他还指出:"凡是国语的发生,必是先有了一种方言比较的通行最远,比较的产生了最多的活文学,可以采用作国语的中坚分子;这个中坚分子的方言,逐渐推行出去,随时吸收各地方言的特别贡献,同时便逐渐变换各地的土话:这便是国语的成立。有了国语,有了国语的文学,然后有些学者起来研究这种国语的文法、发音法等;然后有字典,词典,文典,言语学等等出来:这才是国语标准的成立。"

胡适对"国语的文学,文学的国语"关系的论述,尤其是他对国语及其标准成立条件的分析非常精辟透彻。通过文学革命来建立真正的国语,是新文化运动对中国语文现代化的最重要的贡献。

在“国语的文学”创作方面，胡适自己尝试解决以白话来创作新诗的问题；1918年《新青年》开始专用白话作文；同年，鲁迅的白话小说《狂人日记》在《新青年》第4卷第5号上发表，产生了巨大反响。“五四”之后，新文化运动席卷全国，各种白话文学作品层出不穷，创造了中国现代文学史上30年的黄金时代。

正如胡适所言，大批优秀的以白话写作的“活文学”作品的出现，加快了“文学的国语”的确立，进而形成了我国真正的“国语标准”，促进了现代民族共同语的形成。

因此，“经过几年的艰苦奋斗与激烈的争辩以后，这一运动最后受到全国的承认和接受”。与此相伴随，由“文学工具革命”催生了真正意义上的汉民族共同语，结束了两千年来我国文言分离的历史，确立了白话文学的正宗地位，白话最终成为汉民族文学和教育的有效工具。

这不仅是我国语文现代化的一项伟大的成果，就是放在数千年中华文明发展进程中来看，也是一个划时代的贡献。

掀起汉字存废大辩论，推行国语拼音文字改革

新文化运动对我国语文现代化的另一个重要的影响，就是掀起了一场关于汉字存废和前途问题的大辩论。

历史悠久的汉字是中华文化最重要的载体和中华文明的独特标志，汉代“儒家学说经典化”之后，汉字体系一直处于比较稳定的状态，其至高无上的地位在历史上从来没有被动摇过。

鸦片战争失败后，西洋传教士在沿海传播基督教，形成规模甚大的“教会罗马字运动”。“教会罗马字”的推行必然与汉字体系产生冲突，一些传教士开始批判汉字的繁难和落后，进而主张以罗马字替代汉字。

那些关注国家存亡、民族进步的知识分子，为推进教育普及、克服汉字繁

难之蔽，也开始了各种改进汉字教学的实验，形成了颇具影响的“切音字运动”。这些关于汉字的批评和改革，受到了来自正统文化势力的强大阻力，并没能取得实质性成效，但是，汉字的神圣地位却因此被大大地动摇了。

新文化运动的兴起让汉字的存废和前途问题再一次成为文学革命的中心议题之一。作为新文化运动干将的钱玄同，在1918年《新青年》第4卷第4号上发表了《中国今后之文字问题》一文，主张废除汉字和汉语。

他态度激烈，认为：“欲废孔学，不可不先废汉文；欲驱除一般人之幼稚的野蛮的顽固的思想，尤不可不先废汉文。”他对汉字进行了全面的否定和批判，断言“这种文字，断断不能适用于二十世纪之新时代”。

陈独秀、胡适虽然并不是完全同意钱玄同的观点，对发动文字改革却予以了热情支持，随钱文同时发表的陈独秀的答书和胡适的跋语表明，他们赞成“先废汉文(字)，且存汉语”，将来改用拼音文字。

《新潮》一卷三期上发表了傅斯年的《汉语改用拼音文字的初步谈》，《国语月刊》一卷七期出了一期“汉字改革”专号，发表了钱玄同的《汉字革命》以及蔡元培、黎锦熙、赵元任等讨论汉字改革的文章，掀起了汉字改革运动的一个高潮。

这次汉字改革的论争异常激烈，产生了较大的社会影响，论争中采用国语罗马字的呼声渐趋一致。

1923年，经钱玄同向国语统一筹备会提议，国语统一筹备会决定组建“国语罗马字研究委员会”，钱玄同、黎锦熙等11人为委员，但由于时局变化，委员会未能适时开展工作。

次年，刘复在北京发起由部分委员参加的“数人会”，议定了一个《国语罗马字拼音法式》，1926年由国语统一筹备会非正式颁布。1928年国民革命军统一南北，在蔡元培的推动下，大学院(教育部)以《国音字母第二式》正式发布了这个方案。

“国语罗马字”拼音方案的制定，是清末以来汉字改革的一个不小的进步，更是新文化运动的一项成果。但是，这个方案公布后并没有产生太大的社会影响，这预示着推行国语拼音文字的改革可能不是一个正确的方向。

汉字改革作为文学革命论争的主要问题之一，涉及古老汉字的生死存亡，提出了汉字是否能够适应新的 20 世纪发展的需要，汉字是不是普及教育、传播新思想新知识的巨大障碍，该不该废除汉字而采用西方的拼音文字等重要问题。面对这些问题，站在传承中华文化与主张全盘西化的不同立场上，形成了针锋相对的观点。

文学革命影响下的汉字改革还有一个方面，那就是汉字的简化问题。胡适也是将汉字简化作为与白话文同样重要的改革来对待的。

在给《国语月刊》"汉字改革号"撰写的《卷头言》中，他充分肯定了二千年来"小百姓""还做了一件同样惊人的革新事业：就是汉字形体上的大改革，就是'破体字'的创造与提倡"。他认为这些改革就是为了经济实用，而且还发现这些革新总是先由"小百姓"做起，然后才得到学者文人的承认。

因此，他很赞成钱玄同、黎锦熙研究整理这些破体的"新字"，建议"全国人采用这几千个合理又合用的简笔新字来代替那些繁难不适用的旧字"，并指出"这不是彻底的改革，但确然是很需要而且应该有的一桩过渡的改革"。

从这些对简体字整理研究、编纂设计（如容庚创造的一些简体字）的字表或字典来看，当时对推行简体字作为"目前最切要的""过渡的改革"，已获得政府和学界相当的重视，但是由于缺乏统一的安排和规划，即使已经公布的简体字表也没有得到真正的推行。

不过，这一期间对简体字的重视和整理研究，却是新文化运动为新中国的语文现代化留下的一份重要的遗产。

整　理　张冰清
摄　影　尹炳炎
时　间　2016 年 9 月 29 日
地　点　浙江科技学院图书馆西报告厅

浙 江 人 文 大 讲 堂

白 烨

中国社会科学院文学研究所研究员、研究生院教授、中国当代文学研究会会长、中国文学理论学会副会长、中国作家协会全国委员会委员、小说创作委员会副主任。享受政府特殊津贴。白烨教授的研究方向为中国当代文学，学术专长为作家作品评论与宏观走向考察。自20世纪80年代初期以来，在当代文学的理论批评和作家作品评论方面，撰著了300多万字的理论批评文章，出版了《文学观念的新变》《文学新潮与文学新人》《文学论争二十年》《赏雅鉴俗集》《批评的风采》等10部文学理论评论著作；主持或主编有“年度中国文坛纪事”(1999年—2015年)、“中国文情报告”(2003年—2015年)等多种文学选本和年度文学现状概观图书。

文学新演变与文坛新形态

大家现在都是怎么阅读的？买书看？在手机上看？在 Kindle 上看？我们阅读的方式在变化，其实暗含的逻辑是，整个文学和文坛都在变化。

该怎么看文学的新演变和文坛的新形态？由浙江省社科联主办，钱江晚报、杭州师范大学承办的第 367 期浙江人文大讲堂，请来了中国社会科学院文学研究所研究员、中国社会科学院研究生院教授、中国当代文学研究会会长白烨教授，请他讲一讲自己的观察和总结。

文坛新动向要怎么把握？

当代文学经过 20 世纪 80 年代、90 年代和新世纪以来的演变，经由分化与泛化，发生了巨大的变化。这不仅使文学由过去的基本上以体制内作家为主的严肃型文学，分化为严肃文学、大众文学和网络文学三足鼎立的新格局，而且在不同板块领域内部也出现分野与分蘖，使得文学比之过去地域更为广阔，空间更显博大。

跟过去较为单一的格局相比，现在的文学呈多元格局，在各种力量的介入与推导之下，各显身手，活跃不羁，可以说已迫近“百花齐放、百家争鸣”的基本态势。

但毋庸讳言的是，这种前所未有的分化与分立，却使文学整体上又陷入了繁而不荣、多而不精的境地，使得当下的文学与文坛，活跃与繁杂并存，机遇与挑战同在。这样的一个现状，是与从社会到经济到文化的“市场化”“全球化”“信息化”和“娱乐化”等大的背景、大的环境密切相连的。应该说，这种新的现实，不仅超出了原有的预想，而且大大超出了我们已有的经验，是一种全新的文学存在。

2015年10月，习近平总书记在文艺工作座谈会上的讲话公开发表，《中共中央关于繁荣发展社会主义文艺的意见》正式下发。无论是习近平总书记在文艺工作座谈会上的讲话，还是《中共中央关于繁荣发展社会主义文艺的意见》，都直面当下文艺与文化的现状并提出要求，切近文艺领域的新变且做出部署。其中有关文艺现状的深刻变化与影响的论述，触及了新世纪文艺的实质性问题。习近平指出：“互联网技术和新媒体改变了文艺形态，催生了一大批新的文艺类型，也带来文艺观念和文艺实践的深刻变化。”这个概要而精到的论述，既指出了新的文艺形态产生的背景与缘由，又指出了新的文艺形态给整体文学带来的巨大而深刻的影响。因此，深入了解文学的如许变化，把握文坛新的走向，就是繁荣和发展社会主义文艺的题中应有之义。

上世纪80、90年代的文学领域是什么样的？

当代文学进入当下时期，呈现出丰繁的样貌，这是经过30多年的历程逐步演变而来的。而30多年的文学发展，可以分成三个阶段来看：新时期与20世纪八九十年代及新世纪以来。而在这三个相互衔接与彼此递进的阶段里，文学都遇到了以前未曾遇到过的巨大冲击与挑战。

三个阶段分别有三次浪潮，而三次浪潮构成的三次冲击，内涵与侧重各不相同，强度与烈度又前所未有。文学正是在直面这种浪潮、承受这种冲击和迎接这种挑战的过程之中，不断转型与繁荣发展，与社会一起变革，与时代一道前行。

20世纪80年代是以政治浪潮为中心的文学演进。这一时期文学的所有举措与行动，基本上都是围绕着政治性的问题展开。这种政治的浪潮最先表现为人们对“四人帮”及其极左路线对文艺领域的祸害与影响的清理与清算。有关文艺与政治的关系问题，有关文艺批评的标准问题，有关文艺的方向与方针问题，有关人性、人道主义问题，等等，便是这种政治背景之下的理论批判与文艺清算的具体表现。与此同时，文艺界在“解放思想，实事求是”的精神推动下，又进而探求文学走出政治束缚之后的新的生长空间与更大发展前景。

发生于上世纪80年代中期及其之后的关于“朦胧诗”的争论、“寻根文学”争论，尤其是有关“文学主体性”问题的论争，使得文学进而拓展了观念，找到了新的立足点。文学理论批评界在松动自己的观念，刷新自己的视野的同时，也大力促进了文学创作走出现实主义一统天下的已有格局，文学创作上的“新诗潮”“问题报告文学”“寻根小说”“新潮小说”“新写实小说”的相继登台，使得文学创作由“一元”向“多元”大幅过渡，当代文学出现了前所未有的多样化状态。

20世纪90年代的文学，基本上面临的是经济浪潮的影响与冲击，经济与文学的扭结构成了这一时期文学发展的主旋律。

1993年邓小平“南方谈话”之后掀起的经济改革热潮，以及随后的“市场经济体制”的提出与确立，使社会生活真正走向了以经济建设为中心，经济建设走向了以市场经济为重心，文学赖以生存的社会基础开始由“计划”转向了“市场”。面对突如其来的经济大潮，文学工作者一时格外焦虑，发生于1994年的关于“人文精神的大讨论”，实际上是知识文人面临现状与危机的一次重新定位和自我救赎。在这个时期，文学创作一度也充满着迷茫，呈现出散淡、无序的状态。但这一时期的文学，也有两大收获，那就是个人化写作的应运而生，长篇小说的长足崛起。

网络媒体是怎么冲击文学的？

文学走进“新世纪”已整整16年，迎来另一个更大的浪潮和更强的一次冲击，这就是由传统媒体的转向与网络媒体的新兴联袂构成的信息化与媒体化大潮。

与前两次有所不同的是，信息与媒体的浪潮倚仗着高新的电子科技手段和全新的运作与传播方式，直接地介入文学、文化的领域，对文学和文坛构成了强劲而持续的巨大冲击。

从显见的层面看，网络带给文学的，主要是依赖于网络平台的网络小说、博客写作，以及那些以网络文学为主业的众多的文学网站。

实际上，网络带给文学的，既有新型的文学关系，又有新颖的文学观念，而它们在给整体文学添加新元素、增加新活力的同时，也带来了新的冲击，构成了新的挑战。

比如，在网络介入文学之后，主导网络文学和影响整体文学的主要关系与基本力量，是网络科技、网络传媒、网络文化。由此，也带来了一系列新的元素，产生了一系列新的关系。其一，是文学与网络传媒的关系，或者说是文学与新型传媒及其传播方式的关系。其二，是文学与产业的关系，这种文学与经济的深度联姻，是网络带给文学的另一个重要的新型关系。网络自产生之时起，就与商业和资本一直难解难分，而以网络为平台的网络文学，正是凭借着网络科技和资本投入的两个轮子，迅猛而强势地发展起来的。

经过多年的实验与实践，网络文学生产的一些基本方式与模式，已大致稳定下来，形成事实上的行规。在这种方式与模式的确立过程中，一些属于网络文学所特有的文学观念，也形成一定的范式，造成广泛的影响，从而在给当代文学带来新鲜养分的同时，也带来了新异的冲击。比如，文学写作上的“娱乐第一”原则，文学传播上读者至上的观念，文学经营上的利益为重的理念，等等。这些观念既在引导着网络文学的运行，又在影响着整体文学的发展，使文学从构成元素到内在动力，都更为多元和多样。

总之，与以前的文学时期相比，进入新世纪之后的文学，因为社会生活的疾速发展和文化环境的剧烈变异，遇到的问题和面临的挑战，日益由外部深入内部，这使得文坛不能不相应地发生变化，而这种变化既是潜移默化的，又是极其巨大的。

大众文学浮出水面

过去的文坛，大致上是以专业作家为主体队伍，文学期刊为主要阵地，作协、文联为基本体制的一个总体格局。这样的一个当代文学的传统结构模式，在进入 20 世纪 80 年代之后，在种种革新与冲击之下，发生了一些显而易见的变异。如政治意识形态让位于文学本体理念，民间写作大量涌现，网络文学强势崛起，等等。而 20 世纪 90 年代以来的以市场经济为中心的社会变革，广泛而深刻地影响着社会生活的方方面面，这使得文学赖以生存的经济基础、文化环境和传播手段等都发生了前所未有的剧烈变动。对应着经济基础、文化环境和传播手段的变化，市场化、大众化和传媒化联袂而来，并形成了一种基本定势。可以说，在被动应变和主动求变的两种动因之下，文坛开始发生结构性的变化。比如，几十年来基本上以文学期刊为主导的严肃文学，已逐渐分离出以商业出版为依托的大众文学，以网络媒介为平台的新媒体文学（或网络文学）。

严肃文学或主流文坛，在过去，基本上就等于整个的文坛。由作协、文联系统主办的各类文学期刊，是文学作者学习写作和发表成果的基本阵地，也是文学读者阅读作品和瞭望文坛的唯一窗口。现在则不然，一些作者可经由出版运作直接出书，或在文学网站自由发表作品；文学的进路与出路都较过去更多了。但文学期刊仍然以严肃文学的坚守，高质量作家作品的推出，成为整体文坛的重要构成和重心所在。

大众文学是在文学图书的市场化出版与商业性营销的过程中逐渐浮出水面的。进入 20 世纪 90 年代，因为出版行业的逐渐市场化，尤其是民间力量介入出版后市场运作与媒体炒作开始强化，文学出版开始由过去的以作者为主转而走向以读者为主，一些文学名家的力作经由“炒作”，大幅度地增加了印数，一些无名作者的作品也可经由精心包装，走进图书市场，甚至成为畅销作品，文学出版由此进入了市场化的新阶段。而在长篇小说出版领域，则逐步形成了“圈子里”叫好的严肃作品和“场子里”叫座的流行作品各行其道的基本趋向。

新的演变带来新的挑战

新媒体文学的主要构成是网络小说，尤其是类型小说，按照大的走向，可分为写实与虚构两大板块。写实板块里，有官场、职场、婚恋、校园、历史、军事、特战、谍战等。虚构板块里，则有武侠、仙侠、穿越、架空、灵异、修真、惊悚、耽美等。类型小说不仅在青少年读者中广受欢迎，而且成为影视、游戏、动漫等进行改编衍生产品的主要来源。除此之外，博客写作、手机文学也在蓄势待发。

这样一个三足鼎立的文学新格局的背后，是文学的环境与氛围的变异，是文学的生产与传播的转型。

我以为，文学的这种从前少有的新变，文坛这种与前不同的态势，也如同社会经济生活出现了不同以往的新状态一样，进入了一种有别于以前时期的新形态与新生态。这种新形态与新生态的主要特征是：当下的文学进入了一个凝聚着新力量，混合着新关系，含带着新元素的文坛新阶段。

概要地说，这种文学新形态、新生态，主要表现在以下四个方面：

第一，在文学生产上，日益呈现出多机制与多成分的混合性、混血性，创作的组织，写作的主导，作品的运作，由传统的作协体制、期刊和出版社机制，变成事业与企业、国企与民营、纸媒与网络等多种力量共同参与、多个链条齐头并举的多元状态。

第二，介入文学的元素增多了，影响文学的关系复杂了。过去影响文学的，主要是社会文化氛围，现实政治环境。现在不断加入进来的，既有市场与资本，又有传媒与信息，还有网络与科技。这些元素的介入与强化，使得文学的场域格外混杂，文学的关系更为复杂，影响文学的元素与因素、动能与动力，也更加多维与多向。

第三，在作家群体与作品构成上，因为新代际的崛起，类型化的明确，成分更为丰富，样态更为繁杂。严肃与通俗，传统与类型，纸质与电子，线上与线下，各自为战，又相互渗透，总体形态更为丰繁多样。

第四，文学的传播、阅读与接受，因文学读者的年轻化，审美趣味的分化，娱乐需求的强化，在文学类型多样化的同时，文学的阅读也将进而走向分层与分众，多面与多边。经典阅读与轻松阅读，纸质阅读与电子阅读，静态阅读与移动阅读，将在分化中并立，在共存中互动，并带来趣味上的抵牾与观念上的冲撞。

新的演变带来新的格局、新的形态，也构成了新的问题、新的挑战。这些问题以新旧杂陈的方式交织在一起，总体上又呈现出丰繁多样的状态，令人目迷五色，难以分辨；而即便是理清了眉目，找到了症结，又因其盘根错节，犬牙相制，在如何处理和应对上又构成极大的挑战。

整　理　张　苗
摄　影　尹炳炎
时　间　2016 年 10 月 12 日
地　点　杭州师范大学仓前校区

浙 江 人 文 大 讲 堂

李建华

万事利集团总裁。中央电视台《百家讲坛》讲师。民建浙江省委员会常务委员、浙商全国理事会主席团主席、浙商研究会副会长，浙江大学、苏州大学、浙江工商大学、浙江财经大学、浙江理工大学客座教授。

中国不缺工匠精神，缺的是对工匠的敬重

“工匠精神”，是今年的高频词。不论是年轻人聚集的二次元社区，还是作为每年最重要的政治活动场所的两会会场，大家都在热烈地参与讨论。

但是，说起“工匠精神”，很多人的第一反应是日本。中国有工匠精神吗？很多人说，中国从来不缺工匠精神；也有很多人叹息，中国人丢了工匠精神。

什么是工匠精神？中国的工匠在哪里？它之于当下的社会有怎样的意义？我们怎样才能在全社会激发和培育这样一种精神？

本期浙江人文大讲堂主讲人李建华，是万事利集团总裁。除了企业家身份，他还是浙江省丝绸文化研究会秘书长，中央电视台《百家讲坛》之《红楼梦丝绸密码》主讲人，他与大家分享了多年来研究和传播丝绸文化的心得，以及他和工匠们的故事。

王熙凤的原型，很有可能是杭州人

杭州丝绸的历史很悠久，最早可以追溯到4700年前的良渚文化时

期。宋代以后，中原地区的丝织业开始衰落，杭州“闭关而修蚕织”，逐渐成为全国丝织业中心。

北宋时期，政府在杭州设置“织务”，专门给皇帝织丝绸。以往官营织造机构，只在京城设立，这是朝廷第一次设立地方性的官营织造机构。

南宋定都杭州以后，杭州丝绸更是盛极一时，设绫锦院、文思院、染院等织造机构，民间私营机坊也有长足发展。艮山门外一片区域，都是民营织造府：今天的笕桥，原来叫“茧桥”；城东边还有一个蚕桑村；北边的乔司，缫丝往往在这里。

两宋期间，杭州还设了市舶司，管理海上贸易，丝绸出口到国外。今天，人们只知道海上丝绸之路的起点在泉州。但泉州并没有丝绸，而杭州，丝织业、造船业发达，又是首都，而且还是重要港口。

到了明清时期，形成了江南三织造，江宁、苏州、杭州。现在的红门局路，就是之前的织造府所在地。当时，杭州每年向康熙进贡丝绸 23 万两，江宁是 9 万两，苏州是 13 万两，所以杭州一直是中国最大的织造府。

当时，杭州织造的管理者，叫孙文成，他很有可能是《红楼梦》中王熙凤爷爷的原型。《红楼梦》第十六回，写到一段王熙凤与赵嬷嬷的对话：“凤姐说：‘我们王府也预备过一次。那时我爷爷单管各国进贡朝贺的事，凡有外国人来，都是我们家养活。粤、闽、滇、浙所有的洋船货物都是我们家的。’”

《杭州府志》记载，康熙四十二年，孙文成到任，他做的第一件事就是建行宫，另外还修了一条河，宽五尺、深八尺，可以从杭州织造门口直接乘船到西湖。不过，第二年，康熙并没有住在杭州织造，而是选择了孤山行宫。所以说是“预备接驾”。

下一句，“我爷爷单管各国进贡朝贺的事”怎么理解？孙文成到杭州之前，曾任广州海关关长，外国人要向清朝皇帝进贡，必须先到广州海关，所以是专管各国朝贡的事情。

为了证实这一点，我寻遍书店，想找一本书。书名叫《孙文成奏折》的书。为什么找这本书，因为孙文成，就是康熙年间杭州织造的管理者。

2013年夏天，我到台湾诚品书店找书，店员一查：天哪，这是文史哲出版社1978年出版的书，总共才印300本。30多年过去了，现在哪还找得到！

我又找到台湾这家文史出版社，很有意思的是，这是一家只有两三个人的小公司。当年的总编已是古稀老人，老人架起木梯，登上爬下，终于找到了最后一本《孙文成奏折》。

老人把自己收藏的仅存一套的某红学研究期刊"出借"给我，后来我还查到了康熙给孙文成的圣旨，授权他到了杭州后，继续监管粤、闽、滇的洋船洋务。

所以，王熙凤很可能是杭州人，我的这个观点也得到了红学会的认同。

调浆三十年，是工匠更是艺术家

杭州曾经有三千多家丝绸企业，但到现在为止，99%都没有了。一起消失的，还有各个环节支持着丝绸产业的手艺人。

一块丝巾的好坏，从颜色上就能直观感受。

爱马仕一块90cm×90cm的丝巾上，最多有40种颜色，40种颜色意味着必须造40个网板，对台板印花机的准确率要求很高。爱马仕可以做到，每块网板都由人工来完成。

虽然丝巾的色彩是由设计师来设计，但最终的调配则需要调色师来完成。很多颜色都只相差了一点点，具体怎么配只有手艺高超的人才知道。

调颜色是最难的，现在有多少年轻人，大学毕业后愿意来干这个活呢？基本没有。

在欧洲，一项手艺往往世代相传，工作也都比较稳定，调色能作为他们毕生的事业去完成。一位法国的调浆师，他已经60多岁了，在车间调颜色调了一辈子，在法国人们视他为“艺术家”。而在中国这方面需要改善的空间还很大。

一条以中国传统经典元素“凤凰”为设计题材的丝巾，同一个图案，两个配色方案，一个是中国团队做的，一个是法国团队做的，哪个更好，你们很容易就能看出来。

国际化的团队设计出来的凤凰极具立体效果，它的神情甚至每一片羽毛都经过了精细雕琢，使得凤凰看起来像活的一样。难吗？不难的，就是让颜色丰富一点，细细描，但我们很多人不愿意干这个活。

还有一个卷边。丝绸产品里，几乎所有的工序都可以用机器替代，唯独一道“卷边”工序只能是手工完成。评判一条丝巾好不好，很重要的一方面是看它的卷边工艺做得怎么样。

卷边的颜色，跟丝巾的颜色是不一样的，印花的时候，只能留出8毫米，最后手工卷进去，卷多卷少都不行，这时候就要严格掌握技巧，需要长时间干这个工艺的人才能完成。

在法国，100个大学毕业生，大概有20个人能干这个活，3个月后，可以留一半，6个月后，还能剩下4个人。我们这边呢？年轻人根本不会干这种所谓的“低端活”。

中国的丝绸，比不上爱马仕吗？

很多人可能还记得，今年杭州G20峰会上，国际货币基金组织总裁拉加德，佩戴了一条蓝绿色、印有三潭印月的丝巾，出现在会场。

这条丝巾有一个非常好听的名字叫“丝水柔情”，是由杭州制造的。

拉加德是法国人，身材高挑，穿衣有道，国外记者评论她是一个“敢穿着黑色过膝长靴和皮夹克出席金融峰会，不惧裙子过短，或者颜色过于鲜艳的女人”。

G20 期间，她来万事利参观，我参与了接待，她很喜欢用丝巾，还看中了我们的两款丝巾。一款是青花瓷，还有一款，就是大家看到的这款“丝水柔情”。

这款丝巾，是万事利集团专门为 G20 峰会做的数十款纪念丝巾礼方案的其中之一，呈现形式突破了传统理念，将苏绸缎与乔其纱双面融合，尽显杭州“丝绸之府”柔软韵味。

她拿到这款丝巾，爱不释手，直言在爱马仕都没见过这种形式。这里需要特别强调一下，这位被誉为全球最具权力的女性是法国人，她用的丝巾都是爱马仕。

后来，在央视 G20 峰会特别直播中，主持人董倩问我，拉加德说喜欢万事利的丝巾，是不是人家应付你的？我说我认为她还是喜欢的，假如仅仅是应付，她可能离开万事利后就不再佩戴万事利的丝巾。

所以，从某种程度来讲，我们的丝绸，并不比所谓的国际大牌差。

但是不得不承认，在一些方面，我们跟国际大牌还是有差距的。

爱马仕一条丝巾能卖到 6000 元，这与它在设计创新上的巨大投入分不开。爱马仕拥有数百万种丝巾花型，最早的花型可追溯到 600 年前，他们的设计师遍布全球。这些设计师不仅仅是艺术家，更像是作家，他们探索着不同题材的故事，不断创作出美轮美奂的杰作。

天衣无缝的匠心，从古至今

除了拉加德的丝巾，G20 杭州峰会上还有很多“丝绸元素”。

二十国集团领导人下榻的酒店房间中，丝绸床品、丝绸睡衣、丝绸艺术品摆件等传统元素随处可见；给各国元首的邀请函，西湖最具代表性的三潭印月被印制在丝绸质地的卷轴上，装在真丝织锦的封套中。

宴会上，每一张桌子的号码牌都是丝绸质地，菜单、节目单在最终确定后也被印制在丝绸上……此次 G20 杭州峰会上，运用到丝绸元素的产品遍布会场的角角落落，能有上百种。

从丝绸艺术品的大气呈现再到峰会纪念礼的精致表达，从设计到最后的呈现，这上百件产品，倾注了无数的匠人之心。

西湖国宾馆贵宾接见厅的中国最大双面刺绣屏风《盛世风华》，是由 30 位普遍拥有 30 年以上绣龄的绣娘，以三班倒的形式，花了整整 4 个月的时间制作出来的。

寻找到合适的画作，对画面进行工笔描摹，是绣品制作的基础，也是关键一环。

刚接到任务时，会务组的描述是“淡雅的牡丹”，但是，以往牡丹给人的形象多是艳丽的，工作组多方寻找美术界人士重绘作品，光校稿就花了一个礼拜时间，最终敲定方案。

这之后，工作室花了 个多月的时间对画作进行处理。绣品讲求空间层次感，所以又将原作的树叶保留了三分之一，并对整个画面进行调色，让它更符合淡雅的要求。

为了让作品活起来，我们又参考了不同牡丹主题的艺术品，也深入生活角度去研究牡丹生长的过程，观察光彩、厚度、颜色的变化，以求每朵花、每片叶的生长姿态，都能有机呈现。

最终，绣品的描线由苏绣大师王祖识完成。

除了整体的大底稿外，还有数百张小底稿，每一朵花、每一片叶子，都在底稿上有详细的绣线走向，这个过程，专业术语叫“丝理”。绣娘在刺绣时，再参照局部小底稿，确定绣线的走向，真正做到了手中无画，心中有画。

刺绣是一门独特的艺术，每一针每一线的走向，都需要依据花朵和树叶的长势和动态，这样绣出来的作品才有生命力。比如绣一朵牡丹花的花蕊，要把一根丝线劈到四十八分之一细来呈现。

《盛世风华》双面刺绣屏风共有20朵牡丹，每一朵颜色都不一样，共有40多种颜色，光用到的丝线就多达800多种。这还仅仅只是牡丹花上的颜色，整幅绣品上还有喜鹊、蝴蝶、玉兰花等，这些加起来一共要用到2000多种丝线。

一股常规丝线大约是5～6根头发丝那么粗，这幅牡丹双面绣最粗的地方，例如枝干，需要把丝线劈成二分之一，最精细的地方，例如花蕊，要劈成四十八分之一。

丝线很容易起毛，起毛的绣线就会影响绣品的质量。所以刺绣的老师们绣前都要洗手，抹上护手霜，保持手的润滑，甚至每隔2小时就要漱一次口，防止有任何味道沾上绣品。

西湖国宾馆国宴厅的西湖全景丝绸壁画，高6米，长20米，是由15块画片拼接而成，怎样做到天衣无缝，没有明显的接口痕迹，是个世界难题。

大家都知道“天衣无缝”这个成语，皇帝的衣服就是“天衣”，它有三层意思：第一，皇帝的衣服，缝越少越好；第二，只有竖缝没有横缝；第三，有缝看不出来。这就叫“天衣无缝”。

呈现这幅目前国内最大的丝绸壁画，我们也用了“天衣无缝”的技术。

国内的丝绸纬斜率标准为每米误差3厘米，国际大牌的标准更严格，每米误差不能超过1.5厘米，而在这张西湖全景图上，我们把误差缩小到1毫米之内，比目前最高的标准还要高20倍。

与普通的纸质材料不同，丝绸具有一定的延展性，遇水时，每6米会伸长6厘米，水分蒸发后，又会往回缩短18厘米。所以，拼接的时候，要耐心等，还要快，必须抓住丝绸回缩到固定长度的时间节点，在短短的三分钟内完成画作的上墙。

为了等待“丝绸纸”缩回到最佳长度，工作组要花上半天时间。完成整个 15 张“丝绸纸”的拼接，足足花了一个多星期。

什么是工匠精神？在我看来，就是一辈子只做并且做好一件事。其实，中国不缺工匠精神，缺的是对工匠的尊重和敬重。

为了鼓励以及更好地培养产业匠人，我们在企业内部进行了大规模的匠心故事的宣扬，并对员工提供特别的培训及人文关怀，工匠精神的培育，需要这样一个生态环境。

让有工匠精神的工人活得体面、有尊严，让有工匠精神的企业拥有健康的市场竞争环境，工匠精神才有可能成为一种社会共识，它自会生根发芽。

整　理　丁颍鹏
摄　影　尹炳炎
时　间　2016 年 10 月 16 日
地　点　杭州市西湖区教工路 149 号浙商博物馆

浙　江　人　文　大　讲　堂

李蓓芬

1967年毕业于上海外国语学校，1972年在法国布列塔尼大学进修，曾任中国驻法国大使馆职员，中国驻法国大使馆参赞、使馆发言人，外交部新闻司参赞，中国驻贝宁特命全权大使，中国驻突尼斯特命全权大使，2010年10月离任。

新时代的中国外交：讲好中国故事

在很多人眼里，外交官的职业很神秘，很光鲜，但对其中的艰辛，特别是奉献的一面，大家又了解多少？

9月在杭州成功举办的G20峰会，杭州人至今还在回味。在外交大使眼里，这又是一场怎样的盛会？

近日，浙江人文大讲堂之浙江外国语学院分讲堂邀请了中国驻贝宁、突尼斯前特命全权大使李蓓芬女士，为大家讲述外交官的工作和生活。在她眼里，杭州G20峰会不仅是一场全球经济协作峰会，更是一场以中国为主导的国际外交盛会；她认为，做好公共外交，讲好中国故事，是当代中国外交新的拓展方向。

外交人员的核心价值观：忠诚、使命、奉献

现在我们中国最缺的人才是什么？是会沟通、善合作、懂得外国文化思维的国际复合型人才，现在国家非常缺这样的人。

外交是代表国家、代表中国13多亿人直接跟世界打交道，维护国家主权和领土完整，维护国家安全和我们中国公民海外合法权益，为国家建

设创造有利的国际环境。所以外交人员的爱国情怀是首要的。

我们外交人员有一个必须遵循的核心价值观，六个字：忠诚、使命、奉献。忠诚是信念，使命是责任，奉献是境界。

为更好地理解这六个字的含义，我经常会给年轻同志讲一个真实的故事。南太平洋有个岛国叫基里巴斯共和国，20 世纪 80 年代我们就跟它建立了外交关系，但当时没有建使馆，因为那个国家非常小，由我驻斐济使馆来兼管两国事务。到了 20 世纪 90 年代，台独分子李登辉大搞“银弹外交”，用钱收买穷国，与我们争夺国际空间。因此国内紧急决定：尽管基里巴斯小，我们也要在那里建馆以体现中华人民共和国是中国唯一合法政府。外交部就派了我国驻斐济使馆的一等秘书吴钟华去完成这个任务。吴秘书当时 50 多岁了，他受命于危难之际，一个人登上一架小飞机，飞了十多个小时，来到了基里巴斯的首都塔拉瓦岛。塔拉瓦岛长不过 27 公里，宽不过一二百米，如同漂浮在浩瀚无垠的南太平洋上的一片树叶。岛上没有电视、没有广播、没有报纸，文化生活等于零，物质生活也处于半原始状态。岛上没有一个中国人。

为了尽快举行开馆仪式，与台独分子争夺时间，吴秘书到那之后每天都工作 18 个小时以上，自己找房子、装电话、挂使馆的牌子，还要找旗杆来升旗，印发请柬。他只用了 4 天的时间就举行了开馆仪式，把基里巴斯重要官员都请来了，总统也来了。那年 10 月 1 日国庆节，他一边流泪一边唱国歌，一个人为祖国升起五星红旗，一个人向祖国致敬。后有记者采访他：您一个人怎么耐得住寂寞？他说，祖国是我耐住寂寞和战胜困难的勇气和源泉。这样把国家利益置于个人安危之上的事在外交队伍当中是很多很多的。

2006 年我在西非贝宁当大使，正好新总统上台，为了多争取国际援助，他邀请几个大国的大使一起跟着他到全国最贫困的地区去考察。不巧当时我的手腕摔折了，当地医疗条件又差，打的是很粗的石膏，很笨重，要把衣服都剪开了才能套进去。同事们都劝我不要去考察了，当时美国大使、法国大使、欧盟大使也说你别跑了，因为道路坑坑洼洼，一路颠簸，你这个手要残废了。但国家利益第一，为抓紧做新总统工作，我没有别的选择，因为没有人能替代我。后来有年轻人问我当时是否很纠结，我说没有，对我们这一代人来说，国家事永远大于自己事已经成为思维和行为定式。

我想大家以后无论从事什么事业，国家情怀都很重要。企业也好、个人也好，你能否在国外站得住、能否发展、能否得到人家的尊重，都是和自己国家的兴衰紧密相连的。

爱国也要理性，需要大度、大气、自信

当然，我们也要理性地爱国。中国发展到今天，已经靠近世界舞台的中心了，我们在一些事情的处理上，要更大度，更大气，更自信。

2013 年，我亲耳听到习主席在周边外交工作座谈会上讲道，对周边国家的挑衅我们该亮剑的时候一定要亮剑，对有些一般不友好言论就一笑了之吧。国家领导人体现出来的这种大气、自信，我印象特别深。

所以我们既要爱国，又要克服狭隘的爱国主义和民粹主义，特别是要摆脱民族悲情。

中国经历过半封建半殖民的历史，100 年前是挨打，50 多年前挨骂，现在经济发展各方面好了，谁要说我们不行感觉就非要顶回去。

这样的民族悲情我们现在还有，我们之前的外交也是这样。我原来长期做新闻工作，以前看到外国记者报道中国的负面消息，就要去交涉了，不过现在好多了，很多时候不理会，更注意用新的、正面的信息以正视听。我们不能带着民族悲情走向世界强国行列。

理性爱国方面，我们要向我们的领导人学习。2013 年习主席出访美国（大家都知道的加州安纳伯格庄园会谈，很有名的），那也是习近平当选中国国家主席后，首次与美国总统进行首脑会晤。新华社报道，当时的场

景是“没有欢迎仪式，没有21响礼炮，不打领带……两场会晤，一次晚宴，一起散步……”会议共谈了8个小时，谈的是建立新型大国关系这么一个重大问题。

礼宾仪式简化，这在过去是不能想象的。以前国家元首出访前，我们打前站的外交人员就要跟人家争得面红耳赤，一定要走红地毯呀，一定要有国宴呀，这好像是面子问题。但现在不一样了，你看习主席完全客随主便，这充分体现了中国领导人的一种自信。

这种自信有时候在别人眼里的反馈是超出你想象的，我自己也经历过。2008年我到突尼斯当大使，那时候正好是北京奥运会，开幕式是张艺谋导演的，我们知道肯定美轮美奂，我就想利用这个开幕式，请突尼斯的社会上层人士到我官邸一起观看，也是我交友做工作的一个机会。

当时说好中央四台给我们直播，但临到开幕前三五天的时候，因为版权问题说没有了，但我请柬都已经发出去了，怎么办？大家都很焦急，我当时提出了一个方案：用法国二台的片子。为什么我能大胆提出来？因为我是长期搞西方舆论调研的，而且我在法国当访问学者的时候，对法国的媒体也进行过比较深入的调查，知道法国二台是国家公共电视台，非常注意自己的信誉，大的问题上它不会走得太远。

但到了那天，大家还是觉得担心，于是招待会开始之前，我用调侃的方式做工作，打打“预防针”：今天我们中国是为全世界人民办一场体育盛会，我相信大家会看到一个很精彩的开幕式。如果出现不符合奥林匹克精神的话或者一些其他事情，我想也不会影响大家收看这个开幕式的心情，大家也知道奥林匹克精神。结果这个直播从头到尾真的是特别好，电视台一句对中国不利的话都没有，画面也非常优美。后来几天晚上的外事活动，大家都在谈这个事。几个外国朋友把我拉到一边说，李大使你敢拿法国的片子来搞招待会，说明今天中国的外交真的是更大度，更开放了。所以有时候，自信反馈回来的影响是超乎自己想象的。

杭州 G20 峰会:这是一次立体战役

大家看到,十八大以来,我们外交不论从理论上还是在实践上,都取得了重大的突破。我们今天的外交应该说气势更加恢宏、布局更加全面、理念不断丰富、风格更加鲜明。我们在国际事务上不但参与,而且在一定程度上已经起到了引领的作用。

讲到中国的引领作用,大家特别关心的可能是今年在杭州召开的 G20 峰会,会议非常成功。为了世界经济的复苏和中国与世界的深度合作,我们提出了中国方案,推动 G20 从一个非正式的危机应对机制,向指导全球中长期结构改革的长效治理机制转型。

大家可能不知道,我们为了争取这个主办权,进行了两年多的艰苦工作。我们为什么要争这个主办权呢? 因为现在世界经济,特别是全球贸易都处于一个低迷状态,缺乏动力和引擎,而中国的综合实力和综合影响力在扩大,但是话语权、规则的制定权还没有制度性的保障。

这次大会提出了创新、活力、包容、联动八个字主题,这一主题在会议的议题、成果,包括会议的形式、设计上都体现出来了,每一步都是需要精密设计和落实的。

首先议题,事先也反复跟有些国家商量,进一步提高了中国的感召力、亲和力和影响力。整个会议体现了来自中国的智慧。我建议大家有时间再回头去看一看习主席在 G20 峰会开幕式上的主旨讲话,这是用中国理念解决世界问题的一个纲领性讲话。

习主席从改革开放的前沿、杭州的历史,讲到自己在浙江工作的经历,再讲到全国改革开放的情况,用五个新起点、五个坚定不移回答了中国从哪里来,现在的情况和中国向哪里去的问题,用四型经济提出了关于全球治理的中国理念和方案,文章不长但很多人特别赞赏。

G20峰会是外交部主办的，也是个立体战役，前后进行了一年多的筹备，具体工作量大、细致。就说这八个字主题，不只是喊口号，里面有很多深刻含义，并且要一一落实。

比如"包容"。什么叫包容？就是确保经济增长的成果普惠共享，解决发展中的不平衡问题，不让任何国家掉队。所以我们专门邀请了非洲嘉宾，议题中专门结合了联合国2030年可持续发展目标的议程，第一次将发展问题纳入全球宏观经济，最后通过了推动非洲新工业经济的计划，这就落实了"包容"二字。

比如"创新"。创新主要是指增长方式的创新，最后大会通过了G20创新增长蓝图，涉及数字经济、新工业革命等很多内容，就体现了增长方式的创新。

再比如"联动"。联动主要就是针对全球贸易保护主义的，会议通过了全球贸易增长战略和投资指导原则，这是第一次，历届G20峰会都没谈到过这个事，我们填补了空白。

当然另外有一些很具体的工作，像咱们主会场的麦克风好像是第一次用，我听外交部同志说调试了上千次，习主席在杭州有五十多场活动，一场一场都要落实。

会议的设计也需要智慧，这样大规模的峰会上有些突发情况必须预想到。比如主办国设计了很好的议题，但开会时有些大国会不听，不跟着你的议题走，自己提出问题来讨论，其他小国也就会跟着一起跑火车，大家就讨论起世界热点问题来了，比如脱欧问题、叙利亚难民问题等。

为了防止这样的情况，我们就要开动外交智慧。比如这次峰会，就设计了专门留半天时间给大家讨论议题以外的问题，这样与会者心里也有数了。这也是创新，这就是一种外交智慧。

我举的这些小例子，是想说明像这样的会议要做大量的设计和具体、细致的工作，是一个立体战役。杭州G20峰会的成功是全国，特别是杭州人民的努力，峰会形成的杭州共识，我相信一定会在引领世界经济复苏方面起很大的作用。

新时期的外交任务：讲好中国故事

随着中国国际地位的提高，外交工作越来越全方位、多领域，内涵也越来越丰富，外交工作的具体内容很多，今天想跟大家介绍新时期中国外交的拓展方向——公共外交。

国家有了对外决策后，还是要通过对外交往、做人的工作来贯彻实施，外交人员要广交朋友、深交朋友，特别是在一线使领馆。

对外交往不外乎三种形式。一是交友，交友是为了掌握第一手材料，掌握鲜活、有用、可靠、准确的信息，在需要的时候能找得到关键的人，说得上话，办得成事。二是谈判、交涉，要求我们对情况有把握有分析，审时度势、据理力争、四两拨千斤；第三是对外宣传自己、提高形象、提高国家软实力。

深交、广交朋友，一定要注意研究对象，了解他对你要谈论的问题的认知程度是多少；交朋友还要尊重对象，双向交流，先当倾听者，交流时千万不能随便打断人家，不插话，观念认同的时候点头表示赞同。因为从心理学角度讲，你激发对方的愉悦心情，他就更可能接受你说的东西。

现在国家对“公共外交”是越来越重视了，我们的公共外交核心，就是要讲好中国故事，这也是提高国家软实力的重要载体和手段。

“软实力”一词，最早是 20 世纪 90 年代美国人约瑟夫 · 奈提出来的，他是美国哈佛大学肯尼迪政治学院的院长，也曾是美国国防部部长助理。2004 年他写过一本书《软实力——世界政治的成功之道》。

其中有一句话我印象特别深刻，他说：“过去以传统实力为主导的世界中，主要是军事和经济发挥作用，而在信息时代则要看最终谁的故事更让人信服。”故事、理念要让人信服，让人听得进去，很重要的一点就是要了解人家的思维模式和让人喜闻乐见的接受信息的方式。因为每个国家的历史、教育、文化、宗教、社会发展都是不同的，人的思维也不一样，东西方文化是有差异的。

比如，中国人可能有爱面子的文化传统，在有些问题上好大喜功；而西方人则优越感强，逆反心理强，同情弱者。

我在当大使介绍中国的时候，我往往会从中国现在存在的问题出发，再讲我们的一系列改革开放措施。有时我还没讲完呢，下面的朋友就说你别讲了，我们都去过中国，这些问题的解决都有个过程，你们取得的成绩是主要的。然后他们就反过来跟我讲他们看到的中国的成绩。这样，我介绍的效果就非常好。从心理学角度说，我要是一开始就说中国怎么好，西方人就会有一种逆反心理，因为他本身民族优越感很强，这就是思维的不同。

很多西方人不喜欢我们的制度，但对我们五千年从未中断过的、博大精深的中国文化却是非常折服的。我在对外演讲，讲中国故事时，他们经常会问我的一个问题是：你们中国强大后会不会侵占别的国家？他们对中国宣称的走和平发展道路是有疑虑的。因此我在演讲中经常会讲《三国演义》中诸葛亮七擒七纵孟获的故事，说明中国是一个以和为贵的民族；我也讲郑和七下西洋的故事，明朝的时候我们就很强盛，郑和带了200多艘海船，将近3万人远航西太平洋和印度洋，拜访了30多个国家，揭开了世界大航海的时代，但他完全是一个和平使者，没有在外国留下一兵一卒，没有占外国的一分土地；我也讲从小父母就用孔子的话教育我们：己所不欲，勿施于人。我是想从中华文明的角度说明，中国人爱好和平、以和为贵的理念已经融入了我们的血液，中国的和平发展是由她五千年的文明史决定的。

习主席在全国宣传会议上讲，优秀传统文化包含中华民族最深层的精神追求、最深厚的文化软实力，可凝聚和打造强大的中国精神和中国力量。所以我觉得对自己国家优秀文化的认同和自信，既是爱国的基础，又是我们对外交流时讲中国故事所必需的。

讲好中国故事还要了解人家喜闻乐见的接受信息的形式。记得国务院原新闻办赵启正主任到巴黎介绍21世纪的中国，当他介绍中国的法治建设，百姓的维权意识不断增强的情况时，他就用上了《秋菊打官司》这部电影，一个农村妇女通过法律手段讨说法，不屈不挠，维护自身合法权益的故事。因为主演是大明星巩俐，她又是法国欧莱雅化妆品的形象代言人，法国很多人都熟悉她，效果就特别好。这么抽象的问题，如果光是用数字，说我们的法律改了多少部，修改了多少次，肯定不如这么一个故事有说服力。后来我问赵主任，你怎么想起用《秋菊打官司》这个电影的？他说他看了两本外国人写中国的书，知道他们的切入点在哪里，所以他是很有研究的。又有一次，赵主任讲中国妇女地位的提高问题，他在PPT上打出两张照片，一张是19世纪中国小脚女人的照片，另一张是中国女足运动员在世界足球赛中临门一脚的瞬间。看到这两张照片，不用说什么，大家已经深深感到中国妇女地位的变化和提高，这就是以小见大。

讲到外宣，有一个片子我经常在提倡，就是《舌尖上的中国》，外国人都特别喜欢，因为它切入点很好。西方普通人关心中国两个问题，一是中国老百姓怎么生活，这是他们普遍想知道的，还有就是中国的饮食文化。这部纪录片把这两个问题结合起来了，镜头不仅带出了中国的风土人情、文化传承，特别是带出了其乐融融的中国农村老百姓的生活，酿酒啊，做年糕啊，做腊肉啊，用普通人的生活诠释了一个大主题：中国社会的基层是一个和谐的社会。所以我说，这个片子实际上是外宣很成功的例子。

现在的中国要不断提高感召力、影响力、亲和力，光靠硬实力不够，我们要软硬实力兼顾，讲好中国故事，这是这几年中国外交非常重要的方面。

整　理　兰杨萍
摄　影　尹炳炎
时　间　2016年11月17日
地　点　浙江外国语学院

浙 江 人 文 大 讲 堂

姚喜双

男，教育部语言文字应用管理司司长、国家语委教授、语用所所长，国家语委普通话与文字应用培训测试中心主任，《语言文字应用》杂志主编，广播电视语言研究中心主任，中国传媒大学兼职教授、北京印刷学院兼职教授、北华大学兼职教授；国家语委咨询委员，中国语文现代化学会常务副会长，首都新闻工作者协会常务理事，中国语言学会理事，中央电视台业务指导委员会委员；1997 年被选入全国“百千万人才工程”。享受国务院政府特殊津贴。

语言是如何服务于社会的

“十三五”期间，我们国家的语言文字工作该如何规划，如何发展，如何服务社会、服务于国家的发展战略？教育部语言文字应用管理司司长姚喜双，近日在浙江传媒学院对此做出了详细的解读。

我国语言文字事业近期的目标是什么

“十三五”时期，我国语言文字事业的目标是什么？主要有哪些任务？我们能做些什么？

要设定目标和任务，先看一下我们已经完成的一些工作。

新中国成立之初，我国文盲率为85%到90%，国家就提出了三大任务，包括推广普通话、推行规范汉字、推行汉语拼音。到今天，文盲率下降到了4%。

到了改革开放时代，语言文字改革又提出了关于加强信息化的任务和加强服务任务，2010年我们制定了《中长期语言文字事业改革和发展规划纲要》。当时也有一些问题需要解决，比如根据1999年的调研，到2000年我国普通话的普及率只有53.06%，换句话说，也就是我们还有将近一半的人还不能用普通话交流。

现在到了“十三五”。“十三五”语言文字发展规划的定位就是一个高大全，核心是全。

比如说新中国成立初期，我们语言文字应用管理部门的任务是单口径的，只管说话的音和写出的字，而内容可能就归宣传部管、归文化部管、归教育方面的人管。但是现在社会大众对我们的期待不一样了，有问题就提出来：你电视上出现的“晋善晋美”，说山西好，但把孩子给教坏了，成语不是这样呀。

按照我们的职能，我们管不了这个呀。于是我们也想办法做工作，比如说我们在电视上搞了成语大会，搞了汉字听写大会，旁敲侧击地说正确的成语是这些。

国家语言文字事业“十三五”发展规划需要站在国家的角度来考虑，所以应该是全方位、全口径、系统地来考虑和规划我国语言文字事业在“十三五”期间的目标、任务、重点工程和保障措施。

全口径是什么意思？就是不光是管我国通用的语言文字，还有盲文、手语、民族语言、国际汉语的推广……只要跟我们语言有关的，都是我们国家语言事业的重要组成部分。

目标是到2020年基本解决语同音的问题

现在就有一个大家都看得到的问题：虚拟空间和现实空间，网络空间和现实空间的问题。

现实空间中的问题如语言不规范等，容易纠正，影响小，但在虚拟空间、网络空间、新媒体等空间，语言文字不规范就难办了。

如果你的普通话标准，对着手机说句话，马上能准确地转换成文字；如果你用翻译机，还能快捷地翻译成多国文字；现在智能城市、智能家庭、智能社会等都在建设，没有准确的语言、文字，你怎么控制呢？

我们的语言文字，在国际上也需要推广。我们在各地建立了500多个孔子学院，共有1000多个点，学院未来的发展不光是包个饺子、剪个窗花，它需要说话，要教中文，需要用普通话；普通话水平测试要到各个孔子学院去建站，这也需要大量的志愿者。

根据这些问题，我们就需要确定我们的目标，就是“十三五”期间我国语言文字事业要发展到一个什么程度？概括一下叫“一个基本，两个全面”。一个基本就是到2020年国家通用语言文字基本普及，换句话说就是普通话基本普及，想解决的是语同音的问题。

在上个世纪末的时候，我们的普通话普及率是53.6%，到2010年的时候达到了70%。这是什么概念呢？就是说我们13亿人口中还有4亿人不能够用普通话进行交流。

目标是到2020年，能够达到80%的基本语同音。不是说都会讲普通话了，而是都能够通过普通话进行沟通、交流。

我们还需要全面提升语言文字信息化的能力，解决语言智能里面的关键技术问题，语言的翻译识别，语言的编辑储存，还有语言识别的处理速度等都要解决。

前段时间我们国家开了科技创新大会，中央领导很重视，政治局常委都出席了，而且都参观了北京展览馆的科技创新成果。

成果中有个大飞机展台，科学家讲，现在我们飞机的操控都是触摸式的，还可以声控，比如说前面有一座山，飞机要抬高500米，科学家演示了一下，但他有点口音，还好边上有一个女播音员的声音出现了，她说“抬高500米”，飞机就抬高了500米。

科学家说要不你试试？我就说“抬高500米”，不用播音员再提醒，飞机就抬升起来了。科学家后来说，我们的机长都像你这个口音，我们就省事了，现在我们只能是设置一百句，规定的一百句它能适应你的声音翻译出来。

未来大夫做手术，也会是动口不动手，因为有些手术动不了手，只能靠机器，靠声控。

所以说，语言关系到我们未来生活的方方面面。

一定要跟国家想的一致，想到一块儿去了就能发展

“十三五”期间，我们就要研究解决语言智能方面的关键问题，我们的语言智能——包括机器的识别、机器的编辑、机器的分析、机器的翻译等等，都可以去攻一攻。

有一所大学，校长、书记我都认识，学校要申请一个语言中心，问我：你能不能帮忙请许嘉璐副委员长做我们中心的名誉院长？

我说叫中心不好，中心太多了，你需要起一个名字，叫语言智能研究院。

我就去找了许嘉璐先生。我说他们想弄一个中心，他说中心太多了，我说他们叫语言智能研究院，想请你当名誉院长，他说可以。

语言智能研究院研究什么呢？我说先给你一个项目，比如现在电视上的天气预报是定时的，每天晚上七点半，但人们对天气的需求是即时的，如果分分秒秒都播报，播音员也不够啊，所以怎么办呢？可以让机器人说话，这个玩意机器人完全可以胜任，我们就要研制机器主持人。

我们还可以研究一下盲文手语主持，研究机器写作，研究智能语言改错机器人……

这些项目一设置，资金也来了。

我国已经成为世界第二大经济体了，因此，要全面提升语言文字服务国家需求的能力。只要服务国家的需求，服务国家的战略，你就有作为，你就能够发挥作用，所以我们想的需要和国家想的一致。

我们搞科研，一定要跟国家想的一致，想到一块儿去了，你就能够发展。

比如说我们国家搞的京津冀战略、“一带一路”战略、自贸区等等，你不要以为跟你没有关系，跟谁都有关系。

“一带一路”刚刚提出，有一所学校的领导就来找我了，那是一所师范学校，说我们能够做大事情。

我说，你能够做什么大事？

回答说，我们服务国家战略，“一带一路”沿线有 64 个国家，共 46 种主要语言，我们先编一个“一带一路”沿线国家的语言手册，讲讲语言的概况。

这个有道理。于是经费支持了，现在出了很厚的一本。

紧接着他说我还可以做。我说做什么？“一带一路”，语言铺路，我们做“一带一路”200 句学习机。我们工人去了临时学各种语言也来不及呀，带着那个机器不用学我就可以干活了。我们的机器把“一带一路”沿线 46 种语言都翻译出来。

尽管是一个学校，也不是专门搞外语的学校，却走在了人家外语学校的前面了。这就是思路决定出路，你的思路必须要跟国家战略结合起来。

前年我到江西，江西教育厅一定要我去景德镇陶瓷学院看看，说他们的语言文字工作搞得很好，想要申请一点经费，看看怎么能够推进。

我就去了，看完以后我表达了这么个意思：要取得支持，必须要符合国家战略。你想想看，中国最初与国际交流的是瓷器和茶叶，陶瓷上面是有语言文字的，瓷上的语言文字可能是历史稍微短一点，但是陶上面的语言文字历史就长了，比甲骨文还长呢。你可以研究一下“一带一路”“海上丝绸之路”陶瓷上面的语言文字。

他们一听省里面也支持他们，我们也支持他们，就又开了座谈会就决定要做。这个项目的关键是它围绕着国家战略，这个项目最近就要研究出来了。

我前段时间到江西，他们拿出来很厚的书给我，里面说发现我们瓷上的语言文字，有的是祭祀年号，有的是标记，有的是家谱，有的是写重大事件的，分了好多类，太丰富了。

紧接着我又有一个想法，我们过去制作陶瓷，就是烧、捏，可以再编一个这样的词典。

所以，思路一定要和国家战略结合起来，这样你所做的事情才能够有价值。使我们的语言文字事业和我们的国力相适应，这是我们的发展目标。

整　理　陈　骥
摄　影　尹炳炎
时　间　2016年12月16日
地　点　浙江传媒学院

张荣臣

男，中央党校党建部教授、博士生导师，党的学说史教研室主任。长期从事对马克思主义党的学说和党的建设问题的研究，尤其是在马克思主义党的学说史和马克思主义党的学说经典著作、文献的研究上，在党群关系和党的作风建设的研究上，有深入的思考和学术深度。近年来的主要论著有：《马克思恩格斯政党理论研究》（中央编译出版社 2001 年出版），《共产党执政：理论·实践·规律》（红旗出版社 2004 年出版），《马克思主义执政党建设理论研究》（红旗出版社 2006 年出版），《选择——中国共产党执政论》（中央党校出版社 2009 年出版）。

严肃党内政治生活，开创全面从严治党的新局面

党的十八届六中全会指出，党要管党必须从党内政治生活管起，从严治党必须从党内政治生活严起。

为什么要从严治党？我们该怎么从严治党？这次的人文大讲堂，我们请来了中央党校党建部教授、博士生导师张荣臣，为大家做最权威的解读。

开展严肃认真的党内政治生活是我们党的优良传统

我们党从成立之日起，就高度重视党内政治生活，在长期实践中逐步形成了以实事求是、理论联系实际、密切联系群众、批评和自我批评、民主集中制、严明党的纪律等为主要内容的党内政治生活基本规范。

早在1929年，毛泽东在《关于纠正党内的错误思想》一文中就指出："教育党员使党员的思想和党内的生活都政治化、科学化。"在这里，已经包含了党内政治生活的基本含义。后来的延安整风运动中，毛泽东对党的思想建设、组织建设、政治建设都做了深刻的论述。尤其是党

的理论联系实际、密切联系群众、批评和自我批评的三大作风，并把作风问题提高到党性的高度去认识，形成了以三大作风为主要内容的党内生活的基本准则。

1980年党的十一届五中全会通过的《关于党内政治生活的若干准则》，正式采用"党内政治生活"这一规范化概念，并且规定了党内政治生活十二个方面的内容和正确开展党内政治生活的基本要求。从1982年党的十二大将党内"政治生活"写进党章以来，党的历次代表大会所修改通过的党章中都明确规定并不断丰富党内政治生活的内容。如：1982年党的十二大党章和1987年党的十三大党章都在总纲部分明确指出，"党在自己的政治生活中正确地开展批评和自我批评，在原则问题上进行思想斗争，坚持真理，修正错误"。这就明确规定了开展党内政治生活的基本方法和目的。从1992年党的十四大党章开始，一直到2012年党的十八大党章，这五部党章中都在如上这句话的后面又明确加进了"努力造成又有集中又有民主，又有纪律又有自由，又有统一意志又有个人心情舒畅的生动活泼的政治局面"。这样，不仅以党内最高纲领——党章的形式明确规定了党内政治生活以及开展党内政治生活的方法和目的，而且还规定了开展正常的党内政治生活应当达到的良好政治局面。

新形势下全面从严治党必须严肃认真地开展党内政治生活

我们党95年的奋斗历程充分表明，开展严肃认真的党内政治生活是我们党从小到大，由弱到强，保持旺盛生机的动力源泉。同样，开展严肃认真的党内政治生活也是今天保持党的先进性、纯洁性，提高党的创造力、凝聚力、战斗力的重要条件，是党团结带领全国各族人民完成历史使命的有力保障。

新形势下开展严肃认真的党内政治生活，一是实现“四个全面”战略布局的需要。全面从严治党的实质，从根本上讲，就是中国共产党通过自我净化、自我完善、自我革新、自我提高，自己解决自己内部存在的问题，祛病疗伤、激浊扬清，使内部思想更为纯洁、作风更为纯洁、队伍更为纯洁，从而保持党的先进性，进而带领全国各族人民实现全面建成小康社会、全面深化改革、全面依法治国、全面从严治党的战略布局。二是党加强自身建设的需要。党的十八大以来，以习近平同志为核心的党中央把严肃党内政治生活、净化党内政治生态摆在更加突出的位置来抓，但一些地方和部门缺乏严肃的党内政治生活，对党员干部教育管理失之于宽、失之于软的现象还比较严重。这就决定了党内政治生活必须严肃认真地开展起来，决不能使党内政治生态成为滋生不良风气、腐败现象的温床。三是党员，特别是领导干部加强党性修养和作风建设的必然要求。党内政治生活严肃、党内政治生态好，党风就正，人心就凝聚，正能量就足；党内政治生活不严肃、党内政治生态不好，党风就歪，人心就涣散，负能量就长。在当前严肃党内政治生活、净化党内政治生态的任务仍然艰巨而繁重的形势下，我们更要锲而不舍，把严肃党内政治生活、净化党内政治生态这项党的建设基础工作抓紧、抓实、抓好。

以党章为根本遵循，加强和规范党内政治生活

严肃党内政治生活是一篇大文章，党的十八届六中全会指出，新形势下加强和规范党内政治生活，必须以党章为根本遵循，坚持党的政治路线、思想路线、组织路线、群众路线，着力增强党内政治生活的政治性、时代性、原则性、战斗性，着力增强党的自我净化、自我完善、自我革新、自我提高能力，着力提高党的领导水平和执政水平，增强拒腐防变和抵御风险

能力，着力维护党中央权威，保证党的团结统一，保持党的先进性和纯洁性，努力在全党形成又有集中又有民主，又有纪律又有自由，又有统一意志又有个人心情舒畅的生动活泼的政治局面。

首先，加强和规范党内政治生活，必须以党章为根本遵循。党章是党的根本大法，是全党必须遵循的总规矩。党章在党内法规体系中是处于最高层次的、根本性的、统领党内其他法规的最高行为规范，是开展党的生活、建设党员队伍、健全组织结构、完善组织制度、严格组织纪律、处理组织矛盾等方面的基本准则，是保证党成为统一整体，在思想上、政治上和行动上保持高度一致的最重要的基础。只有把党章学习好、遵守好、贯彻好、维护好，才能保证全党严格执行党的制度和纪律，为维护党的团结统一，完成党的各项任务提供坚强保证。

其次，加强和规范党内政治生活，最重要的是围绕坚持党的政治路线、思想路线、组织路线、群众路线，坚持和完善民主集中制、严格党的组织生活等重点内容，集中解决好突出问题。这次全会制定的《关于新形势下党内政治生活的若干准则》从十二个方面对加强和规范党内政治生活提出明确要求，做出具体规定。在实践中，我们要按照这十二个方面的要求，实实在在地把这项工作做好，领导干部特别是高级干部更要率先垂范、以身作则。

再次，批评和自我批评是加强和规范党内政治生活的重要手段。批评和自我批评的作风，就是运用批评和自我批评的武器，正确处理和解决党内矛盾，克服缺点、纠正错误的作风。这是共产党人的特有风格，是保证党的肌体健康、增强党的战斗力的有力武器。按照准则的规定，党员、干部必须严于自我解剖，对发现的问题要深入剖析原因，认真整改。党的领导机关和领导干部对各种不同意见都必须听取，领导干部特别是高级干部必须带头从谏如流、敢于直言。

我们党 95 年的奋斗历程充分表明，开展严肃认真的党内政治生活是我们党从小到大，由弱到强，保持旺盛生机的动力源泉。这次全会制定的《关于新形势下党内政治生活的若干准则》对于全面提高党的建设科学化水平，更好地进行具有许多新的历史特点的伟大斗争，顺利实现党的执政使命和奋斗目标，必将产生重大而深远的影响。

整　理　张　苗
摄　影　尹炳炎
时　间　2016 年 12 月 23 日
地　点　浙江工业大学之江学院绍兴校区

浙　江　人　文　大　讲　堂　丽　水　分　讲　堂

曹勃亚

中宣部《时事报告》杂志社原总编辑、高级编辑，国家哲学社会科学基金特别委托项目“高校形势与政策课教育教学研究”课题首席专家。1983 年到中宣部工作，历任综合处副处长、普教处处长，1994—2014 年 6 月在《时事报告》杂志社工作。长期从事形势政策宣传教育研究和实践工作，先后就国内外形势做了几百场专题报告，入选中组部全国干部教育培训师资库。

当中国来到世界舞台中央

凡是关心国家大事的人，都是正在从事或有志于从事高层次工作的人。我先给大家讲一个自己亲身经历的例子。当年我女儿参加高考，考理科，不考政治，但作文是与时势政治联系在一起的。我曾写了一篇《规则，你有多重要》的文章给她看，里头涉及遵守规则、应用规则、参与制定规则等。起初她没放在心上，考试那天，我特意叫她看一下，告诉她说不定考试有用。中午女儿回来了，很高兴地夸奖了我，说高考的作文就是以“规则”为题写一篇文章。我可不是瞎蒙的。高考通常考前一年 5 月到年底的时事。那一年，中国加入世贸组织，世贸组织中最重要的就是规则。

中国面对什么样的世界

1. 力量对比格局深度调整

GDP 是一个重要指标。2000 年，我国 GDP 为 10.03 万亿人民币，首次突破 1 万亿美元；2005 年，突破 2 万亿美元；2009 年，超过 5 万亿美元。GDP 从跨入“万亿美元俱乐部”到成功突破 10 万亿美元大关，我国用时 14 年。相比之下，美国 1970 年的国内生产总值为 1 万亿美元，早于中国 30 年，而到 2001 年才达到 10 万亿美元，从 1 万亿到 10 万亿，美国用时

31 年。

美国《国家利益》2015 年 11 月 18 日刊发一篇文章，题为《为什么美国应害怕中国空军》。想知道 20 年来中国大陆的空军力量进步有多大吗？相比 1996 年，如今美国可能需要数量多达 15 倍的飞机才能保护台湾。

数据显示，2009 年至 2012 年中国和东盟贸易上涨 13%，同期美国上涨不到 1%。日本从 2000 年的 20.57%下降到 2016 年的 9.68%，中国则从 2000 年的 0.995%上升到 2016 年的 7.921%。这意味着日本 15 年间会费比额下降一半多，中国则增加近 8 倍。

2016 年，G20 会议在杭州召开。实力涨了，矛盾多了，费用高了，责任大了。中国走到世界舞台中央，烦恼自然会多起来。中国于 2 月缴纳了 2016 年联合国全部常规会费(7.921%)，总计超过 1.96 亿美元，仅次于美国的 22%和日本的 9.68%，居会员国第三位；维和摊款则增加至 10.2%，位居第二。

2.世界经济处于深度调整期

金融危机重新塑造全球分工格局，世界经济结构调整的实质是国际再分工，价值链位置再调整，国际利益再分配。国际再分工，改变了“西方消费、东方生产”的游戏规则。

产业链的高端、低端，会产生竞争关系，而且是垂直竞争。一个国家发展起来，不一定样样拔尖，有一样拔尖就很好。高端是发达国家的“饭碗”，如果其他国家也搞“高端”，会怎么样呢？

比方说制造业，2014 年，“江南化纤”在美国南卡罗莱纳州投资办厂，成为首家在美国建立再生聚酯短纤维制造工厂的中国企业。去美国投资办厂，主要原因是国内综合成本连年攀升，经营颇感吃力。

劳动力贵了。经济增长率下滑是与“中国双 L 优势”的消退成正比的。“双 L 优势”系指一国之劳动力(Labor)和土地(Land)之和作为国别固定成本所带来的绝对比较优势。

全球正在兴起新一轮工业革命：生产方式上，呈现出数字化、网络化、智能化、个性化、本地化、绿色化等特征；分工方式上，呈现出制造业服务化、专业化、产品链一体化、产业链分工细分化等特征；产业组织方式上，将出现网络化、平台化、扁平化的特点；商业模式上，将从以厂商为中心转向以消费者为中心，体验和个性成为制造业竞争力的重要体现和利润的重要来源。

全球十大科技趋势：

(1)颠覆性技术层出不穷，将催生产业重大变革，成为社会生产力新飞跃的突破口；

(2)科技更加以人为本，绿色、健康、智能成为引领科技创新的重点方向；

(3)“互联网＋”蓬勃发展，将全方位改变人类生产生活；

(4)国际科技竞争日趋激烈，科技制高点向深空、深海、深地、深蓝推进；

(5)前沿基础研究向宏观拓展、微观深入和极端条件方向交叉融合发展，一些基本科学问题正在孕育重大突破；

(6)国防科技创新加速推进，军民融合向全要素、多领域、高效益深度发展；

(7)国际科技合作重点围绕全球共同挑战，向更高层次和更大范围发展；

(8)科技创新活动日益社会化、大众化、网络化，新型研发组织和创新模式将显著改变创新生态；

(9)科技创新资源全球流动形成浪潮，优秀科技人才成为竞相争夺的焦点；

(10)全球科技创新格局出现重大调整，将由以欧美为中心向北美、东亚、欧盟“三足鼎立”的方向加速发展。

新科技总是破坏原有的工作岗位。现代产业结构调整所带来的变化，都倾向于产生一个极小的富翁阶层和一个极大的穷人阶层。

美国劳工统计局发现，从2000年到2010年，有1100万个秘书职位被互联网服务所取代。电话接线员减少64%，旅游代理减少46%，会计减少26%。比利时勒芬大学的经济学家马腾·古斯估计，在欧洲，7600万个中产阶级职位中的三分之二成了技术的牺牲品。

3.国际体系和秩序深度调整

要积极参与全球经济治理，共同应对全球性问题，积极做好对外援助。

中国如何当好世界舞台主角

《习近平谈治国理政》一书当前外文各语种版本已经发行了40多万册(2015年数据)。这是改革开放以来，我国国家领导人著作海外发行量最大的一次。

打一个比方吧，这就像是领骑和跟骑。自行车团体赛就是典型的跟随路线，第一辆承受了空气阻力，第二辆、第三辆跟随它就非常轻松。所以自行车团体赛时，各辆车是交替在前面领骑的，交替到第一的位置扮演很吃力的角色。

中国外交是全方位外交，致力于打造人类命运共同体。

1.发挥积极主动的建设性作用

大国是关键，周边是首要，发展中国家是基础，多边是重要舞台。

2004年，驻外使节会议定下大政方针，营造和平稳定的国际环境、睦邻友好的周边环境、平等互利的合作环境、客观友善的舆论环境。

2009年，我们的口号是：政治上更有影响力，经济上更有竞争力，形象上更有亲和力，道义上更有感召力。

2016年，习近平在新年致辞中说，世界那么大，问题那么多，国际社会期待听到中国声音、看到中国方案，中国不能缺席。

这些年来，中国外交发生了变化，地位变化，利益变化，能力变化，理念变化，策略变化，心态变化。

王毅前些天曾去了美国，中国与美国合作可以解决很多问题，如果不合作，很多问题都解决不了。王毅说，中国外交将承担五项重要使命：一是中国外交首先要使更多国家和民众理解中国选择的社会制度和发展道路；二是中国外交要坚定维护“二战”后形成的国际秩序和体系；三是中国外交要更加积极有为地为中国自身的发展服务；四是中国外交要更加有效地维护中国不断拓展的海外利益；五是中国外交要更加积极地参与国际和地区热点问题的解决。

2.深入融入世界经济体系，实现更高层次开放

以对外开放倒逼国内的改革和发展，一是双向开放（陆海内外联动、东西双向开放），二是开放机制（法治化、国际化、便利化），“进得来，走出去”，三是合作共赢（“一带一路”：共商共建共享原则），四是国际责任（承担与我国国力相适应的义务和责任）。

“一带一路”要从“加强五通”做起：政策沟通、道路联通、贸易畅通、货币流通、民心相通。

商务部公布的数据显示，2015年，我国企业共对“一带一路”相关的49个国家进行了直接投资，投资额合计148.2亿美元，同比增长18.2%。我国企业在“一带一路”相关的60个国家新签对外承包工程项目合同3987份，新签合同额926.4亿美元，占同期我国对外承包工程新签合同额的44.1%；完成营业额692.6亿美元，占同期总额的45%。

3.把周边放在更加重要的位置

2015年11月21日，李克强出席第十八次东盟与中日韩领导人

会议。

截至目前，我国已同67个国家、5个地区或区域组织建立了72对不同形式、不同程度的伙伴关系，基本覆盖了世界上主要国家和重要地区。

中国进入高铁时代：28个省份开通高铁，50万人口以上城市基本覆盖，2014年逾8亿人次乘坐。到2014年底，高铁运营突破1.6万公里，占世界高铁总里程一半以上。

商务部数据显示：2014年我国参与境外铁路建设项目348个，同比增加113个。机车车辆出口由2001年的不到8000万美元到2014年的37.4亿美元，年均增速34.7%，高于同期的全国外贸出口增速16.5个百分点。

据测算，每向高铁投资一亿人民币，平均消耗0.333万吨钢材、2万吨水泥、3.11万吨沙土、5.16万立方米石头和0.085亿元设备，还需22.86万工时，对相关产业拉动效益在10亿元以上。

技术领先的中国高铁，还拉动了冶金、机械、信息、计算机、精密仪器等上下游产业的快速发展。据统计，我国新一代高速动车组零部件生产设计核心层企业近100家、紧密层企业500余家，覆盖20多个省市，形成了一条条庞大的高新技术研发制造产业链，一批关键设备制造企业在产业链上迅速成长。

1+16>17，中东欧国家面积约为欧盟的3/10，人口约为欧盟的1/4，经济总量不足欧盟的1/10，日益被视为欧洲发展的潜在增长点。

泰国铁路“囧”态。泰国老旧铁路建于100年前，货运速度约29公里/时，而客运速度也仅为50公里/时。一个菜市场每天过8趟火车。

雅加达拥挤的列车，亟需建设高铁改变现状。

4.构建以合作共赢为核心的新型国际关系

中美建立新型大国关系，不冲突、不对抗、相互尊重、合作共赢。

中俄互为最主要、最重要的战略协作伙伴，深化中俄全面战略协作伙伴关系,在两国外交全局和对外关系中都占据优先的战略地位。

赋予中欧全面战略伙伴关系新的战略内涵,共同打造中欧和平、增长、改革、文明四大伙伴关系。

中国周边外交的基本方针,坚持与邻为善、以邻为伴,坚持睦邻、安邻、富邻,突出亲、诚、惠、容理念。

5.承担力所能及的国际责任

截至2015年9月,中国通过援助和融资在非洲已建和在建铁路5675公里,公路4507公里。中国援助和融资建设各类学校200多所,每年向非洲提供7000多个政府奖学金名额,举办100多个技术管理研修和培训班,中非合作论坛建立以来已经为非方培训各类实用人才超过8.1万人次。

长期以来,中国按照相互尊重、平等相待、重信守诺、互利共赢的原则,向160多个国家和国际组织提供了近4000亿元人民币的援助,建设了2700多个成套工程项目,培训了近1200万名各类人才,成为南南合作的典范。

王毅引用歌曲《牵手》形容中非关系:心灵相通,患难与共。《牵手》有几句歌词:“因为路过你的路,因为苦过你的苦,所以快乐着你的快乐,追逐着你的追逐。”中方愿在“非洲提出、非洲同意、非洲主导”的原则下与各方开展合作,携手为非洲和平与发展做出更大贡献。

6.提高在全球经济治理中的制度性话语权

从旁观者、跟随者到参与者、引领者,做国际体系秩序的建设者、维护者、贡献者。

中国外交面临的挑战

世界另眼看中国:借重多了,要求多了,防范多了,制约多了。

1. 挑战一:中国发展如何不与美国霸主地位迎头相撞

美国拳击遇上中国太极。中美关系要做好"加法"和"减法",用好望远镜,不用显微镜。中美关系进入有史以来第一次具有全球范围、立体的、全方位的、利益和矛盾深入纠缠在一起的复杂情况。

1979年,中美两国一年人员往来1万人。中方统计,1979年中美贸易额仅为24.5亿美元。2014年,双边货物贸易额达5500多亿美元,相互投资超过1200亿美元,中美互为第二大贸易伙伴。现在中美人员往来每年达400多万人次,每天有1万多人往来于太平洋两岸。2015年达到500万人。

未来5年,中国对美国投资将达到2000亿美元,为美国创造400万个工作岗位。

2. 挑战二:中国如何把后发优势转化为先发优势

中国把后发优势转化为先发优势具有重要性:形势所迫,大势所趋,国运所系。

创新是引领发展的第一动力。形成新动力、新优势、新空间、新体制、新体系。

据《财富》杂志公布的数据显示,中国"适合全球化要求"的年轻工程师只有16万人,不到美国的1/3。中国国际化工程师占全国工程师的比例不到8%,而印度为25%。中国工程技术人才人均创造的产值仅为美国的1/16、德国的1/13。中国每万名劳动力中研发人员仅为24.8人……

瑞士洛桑管理学院发布的《世界竞争力报告》显示,中国"合格工程师"的数量和整体质量在参与排名的55个主要国家中位列第四十八。

我国科技人力资源总量均居世界前列,但高精尖人才严重匮乏。有统计资料表明,在158个国际一级科学组织及1566个主要二级组织中,进入领导层的我国科学家仅占总数的2.26%,其中在一级科学组织担任主席的仅占 0.4%，在二级组织担任主席的仅占 1.1%。从国际影响力来看，权威机构评选出的 300 多位对科学发展做出重大贡献的科学家中，我国入选的科学家不到 10 位。从国际性权威科学院外国会员人数的国别排序来看，我国处于第 10 位，低于主要发达国家。

以色列人均拥有创新企业数目居世界第一；以色列人均拥有高科技公司数位居世界第一，因而被称为“世界硅谷”；以色列人均拥有图书馆和图书量均居世界第一；以色列人均读书比例居世界第一；以色列每万人中在国际科学杂志上发表论文数在世界上居首位，人均科技论文数排名第三，人均论文引用数据位列世界第四；以色列为世界贡献了 20.2% 的诺贝尔奖获得者；以色列劳动力中 25% 是科技专业人员，远远高于美国和日本；以色列每万人中就有近 150 名科学家和工程师，是世界上比例最高的；以色列从事研发的全职人员占总人口的比例为 9.1%，在世界上名列前茅；以色列高科技产业的产值已占工业总产值的 50% 以上。

要有三种文化创造力：发现的能力，组合文化的能力，创新呈现方式的能力。为此，我们要注重教育创新。世界经济论坛报告指出，美国工程专业的毕业生中 81% 可以立刻胜任工作，印度为 25%，而中国仅为 10%。

3. 挑战三：西方文化和价值观念的冲击

一位俄罗斯记者这样写道：世界上任何国家生活方式的受欢迎程度和吸引力都无法与美国相提并论。迪士尼动画片诱惑全世界的儿童，好莱坞电影诱惑全世界的青少年，自由民主口号诱惑全世界的成年人，这就是美国价值观潜移默化的影响。

如今，中国国际地位提高了，中国模式自有其生命力。《历史的终结与最后的人》作者弗朗西斯·福山在其新作中指出，历史的复杂之所以超出他的想象，其主要原因在于政治制度的质量。

文化不丢，道路不偏。“科技不强，一打就垮；文化不强，不打自垮”。在全球范围内，出现问题的经济合作中只有 30% 是由于技术、资金或者战略方面出现的问题而搁浅，而有70%是跨文化沟通方面的问题造成的。

中国国家主席习近平在联合国大会发言时指出："和平、发展、公平、正义、民主、自由，是全人类的共同价值，也是联合国的崇高目标。目标远未完成，我们仍须努力。"

中国必须打赢的一场硬仗。承担国际责任不等于"吃亏"。牢记历史，又不掉入历史悲情。有舍有得、有进有退、有赢有输、有硬有软、有忍有让。凡事算小账更要算大账，计小分更要计总分。做大国很累，要承担责任，接受埋怨，感情让位于理性，有韧性，拿得起放得下，不能总生气。中国这样的大国，不存在可以扳倒它的外部力量，真正的对手是自己。

整　理　丽水市社科联
摄　影　丽水市社科联
时　间　2016年3月5日
地　点　莲都区文化馆

浙　江　人　文　大　讲　堂　丽　水　分　讲　堂

赵国秋

杭州市疾病预防控制中心主任，中国心理卫生协会副会长，卫生部、公安部心理危机干预专家，国家人力社保部心理咨询师职业鉴定专家。省政府应急管理专家组专家、省公安厅首席心理专家、省监狱管理局特聘心理专家、省干部保健专家，浙江大学、杭州师范大学、杭州职业技术学院、省委党校特聘教授、研究生导师。从医35年，擅长心理咨询、心理治疗、心理危机干预、心理压力管理。曾作为专家组组长，受卫生部、公安部等指派带队赴“5·12”汶川地震灾区、“4·28”胶济铁路事故及“7·23”温州动车事故现场实施心理危机干预。在国内外专业杂志上发表学术论文40余篇，主持国家、省、市级科研项目20余项，多项成果获省级、市级科技进步奖。

心理压力管理与幸福指数提升

人的压力是从哪里来的？如何自我检查、应对？杭州市疾病预防控制中心主任，中国心理卫生协会副会长，卫生部、公安部心理危机干预专家赵国秋，和大家一起聊心理压力管理与幸福的话题。

首先，我们一起来做一个压力的自我检查。

压力检查表

	项　　目	没有或极少(0)	有时候(1)	时常(2)
1	觉得手上的事情太多，无法应付			
2	觉得时间不够，所以要争分夺秒			
3	觉得没时间消遣，终日记挂着工作、学习			
4	遇到挫败总是很容易发脾气			
5	担心别人对自己工作学习表现的评价			
6	觉得周围的人和家人都不欣赏自己			
7	担心自己的经济情况			
8	有头痛/胃痛/背痛的毛病，难以治愈			

续 表

	项　　目	没有或极少(0)	有时候(1)	时常(2)
9	需要借烟酒、药物、零食等平缓不安的情绪			
10	需要借助安眠药入睡			
11	与家人、朋友相处时常会发脾气			
12	与人倾谈时,常打断对方的话			
13	上床后又觉得思潮起伏,很多事情牵挂,难以入眠			
14	太多的事情,不能每件都做到尽善尽美			
15	当空闲时轻松一下觉得内疚			
16	做事急躁,任性而事后感到内疚			
17	觉得自己不应该享乐			
总　　分				

A. 没有或极少(每周 1 天以下/0 分)

B. 有时候(每周 1—2 天/1 分)

C. 时常(每周 3—4 天/2 分)

评估结果:0—10 分——精神压力程度低,可能会感到生活缺乏刺激,比较简单沉闷,做事的动力也不高。11—15 分——精神压力程度中等,虽然有些时候感到压力较大,但仍可应付。16 分以上——精神压力偏高,应反省一下压力来源并寻求解决方法。

接下来,一起来看一看 PHQ-9 心情指数自测表。

抑郁症诊断有了标杆,根据 PHQ-9 量化评估,识别抑郁症"可以像量血压一样方便"。相关自测表摘自中华医学会精神病学分会抑郁症协作组主办的"评估与治疗"高峰论坛会,参照美国精神病医学会发布的《精神疾病诊断与统计手册》第五版(DSM-5)。

PHQ-9 心情指数自测表

问　　题	选　　项			
1.做事时提不起劲或没有兴趣				
2.感到心情低落、沮丧或绝望				
3.入睡困难、睡不安或睡眠过多				
4.感觉疲倦或没有活力				
5.食欲不振或吃太多				
6.觉得自己很糟——或觉得自己很失败,或让自己或家人失望				
7.对事物专注有困难,例如阅读报纸或看电视时				
8.动作或说话速度缓慢到别人已经觉察,或正好相反——烦躁或坐立不安、动来动去的情况更胜于平常				
9.有不如死掉或用某种方式伤害自己的念头				

评分规则:1——完全不会(0 分);2——好几天(1 分);3——一半以上的天数(2 分);4——几乎每天(3 分)。总分 0—27 分。

PHQ-9 评分结果及治疗建议

分　值	结果分析	治疗建议
0—4 分	没有抑郁	无
5—9 分	轻度抑郁	观察等待,随访时复查 PHQ-9
10—14 分	中度抑郁	制订治疗计划,考虑咨询,随访/药物治疗
15—19 分	中重度抑郁	积极药物治疗/心理治疗
20—27 分	重度抑郁	立即首先选择药物治疗,若严重损伤或治疗无效,建议找精神疾病专家,进行心理治疗/综合治疗

在这里,准备和大家说说以下几个方面内容,分别是:认识压力;压力的正面作用与负面影响;你的压力从何而来;压力的检测;怎样进行压力管理。

什么是压力?

压力是个体在生活适应过程中的一种身心紧张状态,由于环境要求与自身应对能力不平衡而来;这种紧张状态倾向于通过非特异的心理和生理反应表现出来。

关于压力的说法有很多,有的说,压力是一种过程体验;有的说,压力是紧张的心理、生理状态;有的说,压力是感到紧张的事、刺激。准确地说:“压力是在你认为需求和你满足这项需求的能力之间存在不平衡时,所产生的一种生理和心理上的反应。”通俗地说:“压力就是你想处理某件事情,但是你又不能确定怎样处理。”

一般来说,压力分为四种类型:

1.预期压力:由未来某种因素引起,就是一种担心。

2.情境压力:是当前压力,需要你立刻引起关注。

3.长期压力:它经常会持续一段时间,往往起源于无法控制的可怕事情。如疾病、事故,或紧张的人际关系等。

4.残余压力:它是过去的一种压力。表面不愿或不能释放过去的伤痛或痛苦的回忆。

也许有不少人会经常自问:我是不幸的吗?

每个人都经历过压力——有时是强大或超强压力,尽管各自经历的压力不尽相同,但每个人的压力特征和水平经常会有惊人的相似。

曾经盖诺普民意调查获取了美国人的一组横截面数据。问卷题目是“日常生活中你多久就会面临一次压力?”40%的人认为是“经常”,39%的人认为是“有时”。这就意味着79%的人面临生活压力。就医的职业人群中约60%的人都与压力症状相关。

还有人会问:我的压力很特别吗?

压力无处不在，这些压力对你来说很特殊吗？答案：是的。因为对我有压力的事对你可能根本没有影响，而对我来说轻而易举的事也可能让你止步不前。这取决于你独特的背景、教养方式和经历等，你个人经受的压力也是独特的。

比方说，你邀请某某陪你一起出去，但对方回答是“对不起，我不去”；你唱歌跑调了，周围同事起哄；你组织一次活动，结果搞砸了；你失恋了……

压力的正面作用与负面影响

压力是一种很自然的现象。回避或试图回避接受压力信息不会给你带来任何好处。应把问题的压力视作朋友，这有助于你从“反转法则”中获益。或许你经受的压力越大，减轻压力和恢复生活平衡的能力也越大。

来说一说感觉剥夺实验。

1954 年，心理学家贝克斯顿（Boxton）在加拿大的麦克吉尔大学做了一个感觉剥夺研究，募集了大学生志愿者作为参加实验的人。志愿者每天躺在床上睡觉，并有每天 20 美元的酬劳。他们可以自己决定何时退出实验。这种无任何压力的生活在我们看来应该是惬意的，还有钱可以拿。（当年打工一小时的酬金是 50 美分）

大多数参试者在实验开始后 24—36 小时内要求退出，一般几小时后出现恐慌，3—4 天后出现幻觉、注意力涣散、焦虑等，实验结束后数日才恢复正常。

其实，在人的一生发展中，在每个阶段都需要应付新的要求。没有压力，就没有成长！由此我们可以得出结论：压力是无处不在、不可避免的，也是必要的。

1. 压力的正面作用

有压力才有驱动力。比如，当你有了欲望或出现紧迫感的时候，压力就会随之而来，潜能也会得到更大的发挥，你的人生轨迹也朝着你的目标前进。这就是压力的正面作用。

跟大家说一个小故事吧。一条猎狗将兔子赶出了窝，一直追赶它，但追了很久仍没有捉到。牧羊人看到此种情景，讥笑猎狗说："你们两个之间小的反而跑得快得多。"猎狗回答说："你不知道我们两个的跑是完全不同的！我仅仅为了一顿饭而跑，它却是为了性命而跑呀！"

2.压力的负面影响

压力的结果是正面的还是负面的，取决于压力的大小和一个人对压力的承受程度。一个处于长期压力之下的人就像一辆齿轮转速过高的汽车，引擎会过早报废，我们的身体也同样如此。压力过大的影响会在人的心理、生理、行为等方面反映出来。

来说说执行猴的悲剧。

让A、B两只猴子各坐在自己的约束椅子上，每20秒钟给一次电击。两只猴子都有一个压杆，其中A猴若在接近20秒钟时压一下，能使两只猴子避免电击，否则，两只猴子便一起受到同样电击；而B猴是否压杠杆与电击无关。因此，A猴总是惦记着压杠杆，以免被电击。

结果表明，两只猴子被电击的次数和强度虽然一致，但疲于压杆的A猴由于心理负担沉重而患上胃溃疡，B猴却安然无恙。

当压力过大的时候，会出现以下心理症状：焦虑、紧张、迷惑、烦躁、敏感、喜怒无常；道德和情感准则削弱；感情压抑，兴趣和热情减少，厌倦工作；意志消沉，自信心不足，出现悲观失望和无助的心理；短期和长期记忆力减退；精神疲劳，错觉和思维混乱增加。

当压力过大的时候，还会出现一系列生理症状：心率加快、血压增高；身体疲劳，肌肉紧张（尤其是头、颈、肩、背等）；汗流量增加；恶心、胸闷、头痛；怀疑症加重，睡眠不好；皮肤干燥、有斑点和刺痛（皮肤对压力特别敏感）；消化系统问题，如胃痛、消化不良或溃疡。

此外，当压力过大的时候，还会出现一些行为症状：工作能力降低，错误率增加且不愿意承担责任；放纵自己，吸烟、酗酒、过度饮食等；没胃口，吃得少，体重迅速下降；孤僻、自闭、烦躁不安或出现稀奇古怪的行为；冒险行为增加，包括不顾后果的驾车和赌博；攻击、侵犯他人，破坏公共财产；与家庭和朋友的关系恶化；企图自杀或自杀。

总而言之，压力的结果既可以是正面的，又可以是负面的，取决于个人能否成功应对。

你的压力从何而来

越是看重胜负成败，越是有压力。最大的竞争对手是你自己！面对残酷的竞争，怨天尤人不是明智之举。总想着超过别人也不是有效的方法。无论做什么，尽自己最大的努力把它干好才是最理想的挑战自己的法则。

怎样进行压力管理

所谓压力管理，就是使用各种方法平衡要求与处理能力，将消极性压力转化为积极性压力，从而使自我身心放松，保持健康的生活及工作状态。

你用哪些方法缓解压力？

倾诉是女性的优点。当女性遭遇压力时，主要会选择哪种方式来宣泄？

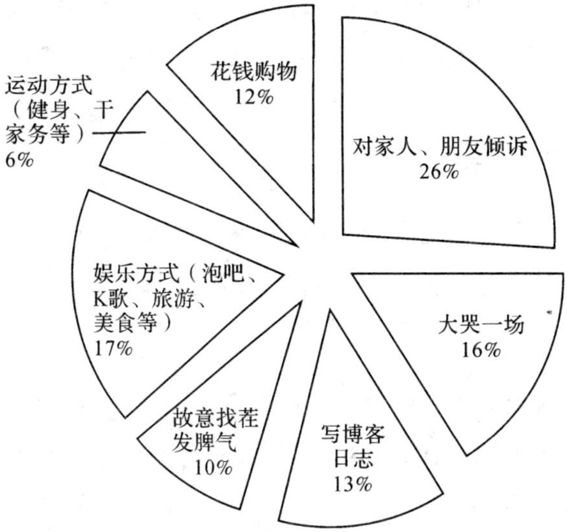

男人流汗不流泪。当男性遭遇压力时，主要会选择哪种方式来宣泄？

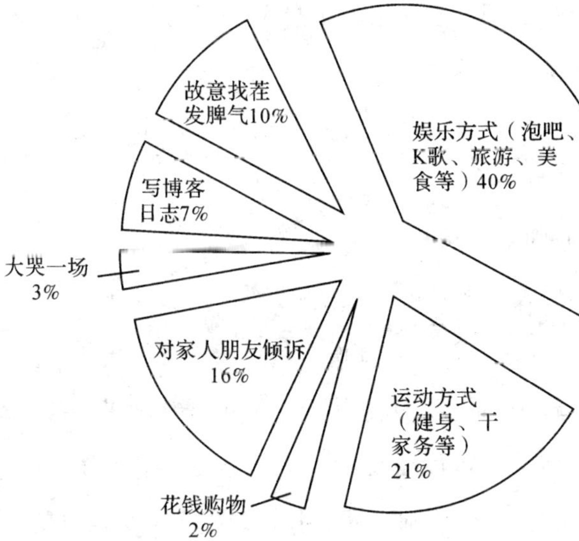

为什么需要压力管理？心理学家曾形象地说：压力就像一根小提琴弦，没有压力，就不会产生音乐。但是，如果琴弦绷得太紧，就会断掉。因此，人需要将压力控制在适当的水平——使压力的程度能够与生活协调。如果没有压力，你就达不到完成任务所需的思维、情绪和活动水平；但是如果压力太大，也将干扰任务的顺利完成。这同样可以拿人体的血压来比拟，无论是高血压还是低血压都会对健康产生严重的危害。可见，无论是压力太大，还是压力太小，都不合适，都需要进行压力管理。

压力管理的步骤：

第一步：压力诊断

可以把上面所描述的“压力过大的负面影响”的各种表现当作预警信号来诊断自己是否是压力过大。同时，要根据内外压力来源的各个方面，找出：

目前我的压力有哪些？属于哪个类型或有几个类型？

我最大的压力源是什么？（是学习还是人际关系？或是其他）

第二步：压力缓解

心理学将人应对压力的策略分为两类：

一是问题解决，即处理压力造成的问题，通过努力克服困难，将问题解决，压力就排除了。

二是情绪应对，及时处理压力所造成的反应，调节身心。

压力管理的技巧：

压力管理原则——平衡。

面对压力，要建立积极的生活态度，改变不实际的信条，避免使用消极词语，保持积极心理暗示，比方说：(1)把压力视为一种动力；(2)面对问题，把问题彻底解决，而不是逃避压力；(3)过程管理可以忘记最终目标的庞大压力，管理结果不如管理过程。摒弃一些不切实际的信条：(1)我必须与任何人都相处融洽，要别人喜欢我；(2)我必须是最好的，应获得别人的欣赏；(3)我应当完全胜任自己的工作，并取得充分的成就，这样才能认为自己是有价值的；(4)我应出人头地(但又没有明确的界定)。

缓解压力，需要建立自己的“支持网络”，清楚原因，学会控制，发展个人兴趣爱好，学会放松。可以说，避开压力源，可以安然度过一段时间，但很少能成为一劳永逸的解决之道。

怎样进行压力管理?

1.问题应对

要努力争取以最有效的方式将负面压力转化为正面动力。

问题解决过程的标准步骤如下:积极的态度;分析压力事件的性质;确认自己对问题的处理能力;积极寻求资源及支持系统;有计划、有步骤地拟定解决计划;讲究策略,脚踏实地,立即行动。

若已尽力,但短时间内问题仍然无法解决,则表示问题本身的难度甚高,有可能需要长期奋斗不懈,除了必须培养坚韧不拔的斗志之外,可能还需要其他的精神力量支持,如求助或者选择放弃。

2.情绪应对

人不是被事情本身所困扰,而是被他对事情的看法所困扰,如果不能改变引起自己压力的事情,不妨改变一下自己对这些事情的认知。学会积极正向的思维方式,养成辩证思维习惯。或许,某些带给我们很大压力的问题或事情,只是我们人为地将压力夸大:"事情原本没有想象的那么糟糕""还有很多可以回旋的余地""即使是一败涂地,也还有重新站起来的机会"……

我们不能改变容貌,但我们可以展现笑容;我们不能控制他人,但是我们可以掌控自己;我们不能左右天气,但是我们可以改变心情;我们不能预知明天,但是我们可以利用今天;我们不能样样顺利,但是我们可以事事尽力;我们不能决定生命的长度,但是我们可以控制生命的深度。

下面,给大家提供一些缓解压力的小建议。

一天中多进行几次短暂的休息,做做深呼吸,呼吸一下新鲜空气,可以使你放松大脑,防止压力情绪的形成。千万不要放任压力情绪的发展,不能使这种情绪在一天工作结束时升级成能压倒你的压力。

判断一下你能控制和不能控制的事情,然后把事情分开,归为两类,并列出清单。开始一天的工作学习时,首先规定,不管是工作中的还是生活中的事情，只要是自己不能控制的就由它去，不要过多考虑，给自己增添无谓的压力。

将所有的出色工作都记录在案，并时不时查阅一下，一来总结经验，二来替自己寻找自信。制定一些短期计划使自己能得心应手地完成它们。

不要将一些负面的评价硬往自己头上安，即使自己受到负面的评论时，你也要意识到这是能够改进工作的建设性批评，是人生阅历。

当你的大脑一天到晚都在想工作学习的时候，压力就形成了。需要你分出一些时间给家庭、朋友、爱好等，适当的娱乐是处理压力的关键。

笑是最佳的精神松弛剂，10 分钟大笑能使人全身放松 45 分钟。当然，这种笑应是发自内心、自然坦诚的。因此，应多与有幽默感的人接触，多看相声、小品、富有喜剧色彩的影视节目，主动求乐。

实在无法达成的目标，不要再勉强，让自己活得洒脱一些，则压力自然随风而逝。

除此之外，压力管理还可以从饮食入手。要减少食用：过量的咖啡、垃圾食物、酒、高油的食物。可增加食用：水、健康的碳水化合物、高纤维食物、蔬果、白肉——鸡肉、鱼。

最后，祝大家有健康的心理和健康的人生！

整　理　丽水市社科联
摄　影　丽水市社科联
时　间　2016 年 6 月 25 日
地　点　丽水市博物馆

浙 江 人 文 大 讲 堂

于铭松

中央社会主义学院中华文化教研部副主任、教授，国务院特殊津贴专家，全国港澳研究会会员。目前重点研究：中华传统价值观与民族复兴、中华传统文化的基本精神与民族凝聚力、中华传统文化、中国特色社会主义文化功能、中华文化认同与港澳台海外统战等。

中华传统文化的精髓能揭历史之谜

为何中华民族有如此巨大的凝聚力？为何中华文化能包容改造外来文化？为何中华文明数千年从未间断，是世界唯一同根同种同文且以国家形态持续至今的伟大文明？中央社会主义学院中华文化教研部副主任、教授，国务院特殊津贴专家于铭松，在台州为大家做了自己的解读。

什么是中华传统文化，要下一个定义，恐怕难度不小，那能不能描述一些你眼中的中华传统文化？

一般来说，中华传统文化可分为几个层面：一是物质、技术层面，如饮食、服饰、宫殿、庙宇、武术、中医等等；二是制度层面，如历代典章制度，比如皇帝制度、郡县制度、科举制度、监察制度、乡绅制度等；三是精神层面，如哲学、伦理道德、文学、艺术、宗教信仰等。

由此看来，中华传统文化源远流长、博大精深。那么，要怎么学中华传统文化？答案是掌握精髓。

什么是中华传统文化的精髓？有一种说法，中国传统文化追求的是真、善、美。正如孔子所说的“志于道，据于德，依于仁，游于艺”。志于道——求真；据于德，依于仁——求善；游于艺——求美。我们认为，中华传统文化的精髓是中华民族在长期的实践活动中创造的，能影响整个社会的，具有稳定结构的共同精神、心理状态、思维方式和价值取向等精神成果的总和。中华传统文化的这些思想，深深地根植于我们的精神生活和物质生活，渗透到我们的信仰、价值观、伦理道德、生活态度、行为方式等各个方面，是任何人想去都去不掉的生命"痕迹"。

更进一步讲，中华传统文化的精髓揭示了这样的历史之谜：为何中华民族有如此巨大的凝聚力？为何中华文化能包容改造外来文化？为何中华文明数千年从未间断，是世界唯一同根同种同文且以国家形态持续至今的伟大文明？当然，对这一历史之谜可以给出多维的解答，但有这样几点始终凸现在我们视野：阴阳五行的辩证思维；大一统的天下观；重民本的仁政理念；尚和合的相与之道。

阴阳五行的辩证思维及启示

中华文化孕育了"阴阳五行"思想，它反映了中国古人用以解释自然、探索自然的世界观和方法论，是中华民族理性与智慧的结晶。

阴阳和五行本是两个思想，在战国时代才合为一个哲学体系。现在为讲述方便，仍分为两部分来讲，先看看，什么是阴阳思想。

我们的先人，对世界的认识是这样的：远古之时，盘古尚未开天辟地，天地宇宙混沌一片，仅有太易、太初、太素。太易乃气之始，太初谓形之始，太素为质之始，此三类混为一团，无光无声无形无影，混混沌沌。老子称之为：夷、希、微。此时称为太极，亦称太一，又称太无。至盘古开天辟地，清气轻，升上为天；浊气重，降下为地。此谓太极生两仪：一天一地。古人乃分称为：一乾一坤一圆一方一动一静一阴一阳。阴阳一分，天地乃出。

阴阳交，万物生。天地所生万物，亦分阴阳。日为阳，月为阴，生为阳，死为阴，男为阳，女为阴，火为阳，水为阴。

阴阳五行学说这一中国古老的哲学思想，抽象升华了中国古人对天地自然变化的规律性认识，反映了中国古人用以解释自然、探索自然的世界观和方法论，是中华民族理性与智慧的结晶。

阴阳思想认为世界上任何事物都包含对立的统一。对立是指两种势力、两种因素、两种趋向、两种地位等等。它们是一正一反互相对立的，但又统一在一起。同时，对立双方又各向对方转化。这显然是朴素的辩证法，但朴素的东西未必没有深度和特色；五行思想不仅指明宇宙统一于以"金木水火土"为代表的物质运动，而且通过五行之间的生克作用表明世上任何事物都是被其他事物所生，也被其他事物所克；同时，任何事物本身也都生着或克着另外一种事物。所以，世界上绝没有任何事物或力量能够凌驾于其他一切事物与力量之上而独霸天下；谁想独霸天下，必然狼狈不堪。

阴阳五行思想可以使我们清醒地认识历史的法则。

大一统的天下观

中华文化有追求大一统的传统。大一统的天下观，为国家统一以及中华民族共同体、中华文化共同体的形成，提供了重要价值支撑。

大一统思想不仅指国家政权和制度上的统一，同时也是"经济财力的集中，精英人才的聚合，文化伦理的共识"。春秋战国时期的思想家们纷纷探讨政治统一、华夷一体等当时亟待解答的问题，其中"大道之行也，天下为公"的大同学说，成为大一统思想的极致。

英国历史学家汤因比认为，在近 6000 年的人类历史上，出现过 26 个文明形态，但是在全世界，只有中国的文化体系是长期延续发展而从未中断过的文化。这种强大的生命力，是中国文化的一个重要特征。中国文化的强大生命力，表现在它的同化力、融合力和凝聚力等诸方面。

第一是国家统一。大一统成为人们追求统一、消除分裂割据的思想理论依据。维护国家统一，反对国家分裂是中华民族天经地义的政治价值取向。这种价值取向在民族矛盾冲突之际，在国破家亡的被占领时期，具有强大的凝聚作用，多少仁人志士宁愿牺牲自己的生命，也决不事异族、事二主，背叛祖国；多少民族败类因分裂国家、破坏统一而被永远钉在历史耻辱柱上。这是统一的中华民族绵延不绝的文化基础。现代中国的“大一统”，就是今日中国的多民族国家的统一问题。现代中国的“大一统”，集中体现为作为现代“多民族国家”的建构。此中存在着诸多问题，最关键的两个问题是主权问题和民族问题。在主权的统一问题上，现代中国必须追求国家的统一，绝不容许任何形式的分裂。

第二是培育中华民族共同体意识。源远流长的民族一统思想，汇聚成中华民族共同体意识。在当代，费孝通先生将中华民族共同体概括为“中华民族多元一体格局”。所谓“多元”，是指中华民族不是单一的民族，而是由各兄弟民族所组成的复合民族共同体。所谓“一体”，是指各民族在长期的历史发展过程中已结合成相互依存的统一而不能分割的整体。中国各民族在历史舞台上扮演不同角色，最终形成多元一体的格局。习近平从国家战略的高度，多次强调“培育中华民族共同体意识”，中华民族共同体意识是国家统一之基、民族团结之本、精神力量之魂。实现中华民族伟大复兴的中国梦，需要进一步培育中华民族共同体意识，打牢各族人民团结奋斗的政治基础、思想基础和社会基础。

第三是中华文化共同体意识。中华文化具有强大的融合力，在长期的文化交融中，各民族分别以其文化的个性，即民族文化的多样性，地域文化的多样性，使中华文化异彩纷呈。

在当代，文化价值观念的一体化进程是中华民族文化发展的大趋势。中华民族文化多元一体的特点决定了我们在建构中华民族文化认同方面，一方面要保留各民族文化的特点，一方面要建构中华民族共同的文化认同，培育中华文化共同体意识。正如梁漱溟所言，中国几千年以来是一个文化共同体，而不完全是一个政治共同体，不管什么朝代，也不管中间有多长多短的分裂，只要到了这块土地上，就得被中华文化同化，就得认同以儒家为代表的中国文化，就得具有"大一统""大中华"的理念。文化共同体，谈的是中国传统文化与大中华文明，你只要是中华儿女，你就得认这个文化的根。

重民本的仁政理念

重民本的仁政理念蕴含民贵君轻的思想，要求德治、仁政、王道。强调"水能载舟，亦能覆舟"，强调民心向背是政治统治兴衰的关键；当然，民为邦本是"君主民本"。

孟子提出，"民为贵，社稷次之，君为轻。是故得乎丘民而为天子"[①]。贾谊提出"国以民为本，社稷亦为民而立"[②]，因此要求国君要以爱民为先务，不可以民为敌，"古之贤圣之君，爱民之心如爱赤子，休养生息，惟恐失所"[③]。

这种"君主民本"的思想，显然是为民做主，而不是现代意义上的民主。民主与民本是有本质区别的：在本质内涵上，民本是一个道德概念，它所表征的是一种道德诉求，而民主是一个政治概念，它所表征的是一种政治诉求；在主体上，民本以君为主体，民主以人民为主体；在价值目标上，民本的出发点是以优化君主专制为宗旨，解决国家政权的稳定和长治久安问题，而民主是通过对领导人、政府权力的制约，防止社会政治权力

---

① 《孟子·尽心下》。

② 贾谊《新书》卷九《大政上》。

③ 《上中兴正本疏》。

被少数人所滥用，从而达到保护大多数人利益的目的。

中国传统的国家治理思想概括起来有：变法图强、富国强兵、励精图治、国家至上、权威主义、社会等级秩序、群体本位、精英治国、勤政廉洁等。由于我国独特的国情，其政治民主化具体的进程、模式，可能既不同于西方发达国家，又会不同于东亚儒家文化圈其他的国家和地区。但从国家现代转型过程看，我国恐怕还会走东亚儒家文化圈国家和地区所走过的典型路径：经济发展、社会建设、政治民主化。中国现代转型如果想成功，中国的经济发展、社会建设、政治民主化就一定要符合自己文明和文化的特点。这一点，可以东亚儒家文化圈国家和地区改造传统儒学为鉴，改造传统儒学国家至上、权威主义、变法图强、富国强兵、励精图治、精英治国、勤政廉洁等国家治理理念，为全面建成小康社会，实现中华民族伟大复兴中国梦，提供价值支撑。

尚和合的相与之道

尚和合是中华文化的重要特点。它蕴含着普遍和谐意识与和而不同理念。

和合指在承认“不同”事物之矛盾、差异的前提下，把彼此不同的事物统一于一个相互依存的和合体中，并在不同事物和合的过程中，吸取各个事物的优长而克其短，使之达到最佳组合，由此促进新事物的产生，推动事物的发展。

事物尽管千差万别，矛盾交织，却能实现多样的统一，复杂的平衡；种种不同的事物聚在一起却能协调和谐、共生并存，互相促进，实现“和而不同”“和实生物”。孔子有句名言：“君子和而不同，小人同而不和。”显然，孔子所主张的“和”是有条件的，先承认差异，然后在差异中追求统一与和谐。作为一种核心价值，“和而不同”充分体现了中华民族的智慧和待人处事的博大胸怀,由此所培育的政教伦理与道德情性品格,成了古代哲学形而上理论的支柱和中国传统政治文化的精神内核。"和而不同是社会事物和社会关系发展的一条重要规律,也是人们处世行事应该遵循的准则,是人类各种文明协调发展的真谛。"儒家倡导以"仁义礼智信"为核心、以"中庸"为德行基础的理念,实现社会和谐。当前,这些思想依然是我们构建社会主义和谐社会的价值支撑。

"文明因交流而多彩,文明因互鉴而丰富。"在当代,中国文化一定会在推进人类文明互鉴中,为人类对更好的社会制度的探索提供中国方案,讲好中国故事,发出中国声音,打造具有中国特色、中国风格和中国气派的话语体系。

整　理　台州市社科联
摄　影　台州市社科联
时　间　2016 年 4 月 29 日
地　点　台州市图书馆二楼报告厅